本书由中国科学院传播局《〈科学童话：面纱后的科学家与科学〉图书创作与知识普及》
项目资助（项目编号：2018C0087）

科学童话

面纱后的科学家与科学

陈 安 陈樱花 韩 玮 陈雅楠
等著

中国经济出版社
CHINA ECONOMIC PUBLISHING HOUSE
·北 京·

图书在版编目（CIP）数据

科学童话 / 陈安等著. -- 北京：中国经济出版社，2024.1（2025.3 重印）

ISBN 978-7-5136-7538-3

Ⅰ. ①科… Ⅱ. ①陈… Ⅲ. ①科学知识－少儿读物 Ⅳ. ①Z228.1

中国国家版本馆 CIP 数据核字（2023）第 208701 号

责任编辑　孙晓霞
责任印制　李　伟
插画设计　邱　阳
封面设计　邱　阳　任燕飞设计工作室

出版发行　中国经济出版社
印 刷 者　北京富泰印刷有限责任公司
经 销 者　各地新华书店
开　　本　880mm×1230mm　1/32
印　　张　10
字　　数　200 千字
版　　次　2024 年 1 月第 1 版
印　　次　2025 年 3 月第 3 次
定　　价　58.00 元
广告经营许可证　京西工商广字第 8179 号

中国经济出版社　**网址** www.economyph.com　**社址** 北京市东城区安定门外大街 58 号　**邮编** 100011
本版图书如存在印装质量问题，请与本社销售中心联系调换（联系电话：010-57512564）

自序

一

在中国，对出生在20世纪六七十年代的很多孩子而言，成为一名科学家是长大后的目标和愿望。比如我，从小就立志成为一名天文学家，于是对归属物理学科的天文学分支充满好奇，总觉得能通过自己的努力获悉宇宙深处的奥秘。

而那些在科学领域取得成就的科学家，如开普勒、伽利略、牛顿、爱因斯坦等，其所思所想乃至所作所为在孩子眼中充满了神秘的气息。以他们为主角的各类小故事更是让孩子痴迷得不得了。

一个孩子对于科学和科学家的认知原本就有局限性，而我们的书籍和杂志又对这些进行了更为完美的描摹和刻画，一代又一代，一轮又一轮，不断以不同的形式重复出现，不断加深个人对于从事科学研究这个行业的憧憬和心灵上的投入，以至我读大学时，还对牛顿因树上掉落的苹果砸头而发现万有引力定律的故事充满幻想，觉得即便有些夸张但还应该确有来历。

本人最终虽然没有成为科学家，但也算“修炼”成了学者，这些故事的神秘“面纱”才渐渐被掀开，所有的神奇故事和理性逻辑之间终于有了一个较好的融和。一方面，我们对于学者追逐宇宙真理的过程充满着对智力的挑战这一现实大体了解到了不少，明白每一步揭示真相的努力其实都充满艰辛，“很容易”云云是从来都不存在的；另一方面，对那些来历不明的故事不再只是质疑和排斥，更不再简单接受。

二

平常人等如何理解科学和科学家?

其实很难！很多人经过了九年义务教育阶段，今天的一年级小学生也在语文、数学、英语等基础课程之外学习科学，对简单的自然现象背后的规律有初步了解，但想让大众理解科学的思维还是很不容易的。

所以，科普的工作要从繁到简，把深奥的科学道理用通俗的语言说清楚，在这个化繁为简的过程中，很多重要的甚至核心的内容或许会流失，甚至可能面目皆非。

大家可能都还记得爱因斯坦解释什么叫相对论的那个小故事：如果身边有自己喜爱的姑娘，就感觉不到时光流逝，但如果是夏天在火炉前，就会感到度日如年。这个故事背后的相对论自然不会如此简单，但是爱因斯坦不可能先从时间和空间出发，再讲洛伦兹变换，然后讲清楚相对论，这个过程必然需要多个课时才行。

所以，有从事科学传播的记者说，改变公众对科学的误解也是科学传播重要的组成部分。

科学与艺术、文学不同，要想了解各个学科最核心的内容，需要大量学科知识的积累，这样会让公众很难对科学知识本身感兴趣。但是大家在日常生活中倒是毫不客气地享受了科学带来的技术成果。

所以，误解是必然的。事实上，精确理解也不是特别必要，对于大众而言，知道科学思维的一些基本模式就足够了。

所以，面向大众的科学普及就要不断借用能被大家理解的各种身边现象来比喻，从而在短时间内完成与科学的沟通。

所以，我们把这本书的名字取为《科学童话》，希望大家能通过耳熟能详的科学故事和科学家的经历来进一步了解科学。

三

本书分为上篇和下篇，尽管上篇涉及一些科学人物，但还是以讲科学故事为主，从牛顿的苹果、炼金术的故事开始，又对几位科学家的生活趣事进行了讲述，包括他们没有结婚的原因及其背后的故事，以及牛顿与同时期几位科学大家之间的关系等。作为发明家的爱迪生是我们从小就“认识”的一位大科学家，他创立了一本普及性的学术杂志——《科学》。直到今天，学者们都期盼能够在这本杂志上发表论文。那么，电灯是否是爱迪生一个人的发明？他在商业上的影响力是否超越了他的发明？这些在平常故事里很少能读到的内容，我们希望在书里有一个简单的交代。

至于爱因斯坦，笔者认为他是最伟大的科学家之一，在他的传奇故事方面也力争表述得更多、更立体、更全面，所以本书利用大量篇幅对其身后的一些小故事进行了讲述。爱因斯坦从小就非常聪明，虽然我们经常读到的文章里说他小时候并没有那么聪慧。第一，他做了两个丑陋的小板凳的故事似乎在说明他有点笨，但其实只能说明他在手工方面不太擅长。第二，有关爱因斯坦的成绩单，很多人说他小时候的成绩多为一两分，后来才有人辟谣说德国的给分是越低越优秀，和我们中国或欧洲其他国家的五分制或百分制完全不同。

两次获得诺贝尔科学奖的居里夫人，她身上的故事当然也不少。刚开始很多媒体和书籍把她描绘成一个“贫下中农”的女儿，但其实完全不是这样的。居里夫人全名曼娅·斯可罗多夫斯卡，她出生的家庭虽达不到豪门的程度，但也称得上中产家庭。居里夫人有过一段震惊欧洲的绯闻，差点儿影响到她第二次获得诺贝尔奖。但出身好坏或者是否有绯闻都没能影响居里夫人的科学成就。过去，我们更倾向于把科学家塑造成没有世俗欲望的“完美主义者”，所以即便知道某些科学家有缺点甚至有较大的性格缺陷，还是愿意忽略掉这些内容，为尊者讳，为伟人讳，只把他们最优秀的部分展示给大家。这就很容易让大家误认为他们不是普通人，普通人无法达到其高度，科学家好像不食人间烟火、存在于琼楼玉宇的人。所以，对于居里夫人的故事，我们特地选取了几个鲜为人知的角度。

对于其他科学家的人生、事业、感情等方面的选择也大都遵循这一思路。霍金的患病与受伤，陈景润的木讷与中国人眼中格外传奇角色的打造，其实都有着非常符合人性的特点。

四

在本书中，希望能够通过对一位科学家“好”与“坏”两面的描写，让公众对科学家产生兴趣从而对他所从事的科学事业也产生兴趣，并在不知不觉中培养自己的科学思维、提升自己的科学素养。

虽然国内的传记电影越拍越好，但充其量也只敢展现一些好“缺点”，比如过多时间和精力投身科学事业而忽略家庭、孩子等，真正的个性上的弱点或者为人处世上糟糕的一面还是尽量回避。

不过，随着大家对于完美人设追求的逐渐淡漠，一些有着明显缺点但在学术上确有巨大贡献的科学家形象会逐渐为更多人所接受。我们眼中的科学家也会跟科学一样，逐渐摒弃不完美和不全面，而是随着岁月流逝而更加系统完整。

这正是我们写这本书的初衷。

陈　安

2020 年 10 月 8 日于北京

目录

上篇 科学故事

下篇

科学人物

上篇

科学故事

科学童话
KEXUETONGHUA

第一章　造纸术的发明和改良

一、为何蔡伦稳坐“造纸术发明人”宝座？

人们对蔡伦的了解，大都是因为中国四大发明之一——造纸术。说起造纸术，它的出现对中国古代文明的发展起到了巨大的推动作用，传播到西方后在世界范围内产生了巨大的影响。

那么蔡伦与造纸术有什么渊源呢？为何他被认为是正统的“造纸术发明人”呢？

在人们的普遍认知中，造纸术是东汉时期的蔡伦发明的。蔡伦在人类历史长河中的地位相当高，他在麦克·哈特的著作《影响人类历史进程的100名人排行榜》中排名第7，足见其被世界人民认可的程度[1]。然而随着考古界的新发现，关于纸张的最初发明者究竟是谁引发了学术界的争论，“蔡伦造纸”的传统说法在中国乃至亚洲范围内受到了挑战。

首先是一些不能被称为纸的“雏形”。1957年，陕西省西安市东郊的灞桥出土了公元前 2 世纪的古纸，被称为灞桥纸；后来，1974 年，甘肃居延金关汉代亭燧故址出土了金关纸；1978 年，陕西扶风中颜村西汉窖藏出土了中颜纸。经过考古专家的考证和断代，证实这些纸属于西汉初期到晚期，其发明年代均早于东汉。因此自然科学史研究学者指出：蔡伦并非中国古代最早造出纸张的人，早在西汉时期中国就有植物纤维纸，中国造纸的历史起码要向前推进两三个世纪。但是这些纸张质地粗糙、结构松散，并非真正意义上的纸。

那么世界上最早的、真正意义上的纸是什么样的呢?

1986 年，甘肃天水放马滩西汉墓葬中发现了西汉早期的纸质地图残片，被称为放马滩纸。此古纸由麻类植物制造而成，相较于之前的纸张质量有明显的提升，纸面平整光滑，质地薄而软，是目前为止世界上所知最早的纸。经过专家们的技术鉴定，此纸比东汉蔡伦造纸早了 300 多年。2013 年，甘肃敦煌悬泉置遗址出土了 460 余件由麻类植物制造而成的古纸，用于书写文件、信件及包裹物品，更加有力地印证了蔡伦并非最早的“造纸术发明人”。

既然史实已然证明蔡伦并非造纸术第一人，大家可能会感到疑惑，为何蔡伦仍被大大方方地排在“伟人”一列呢?

这里有两种说法。

一种说法是“蔡伦是造纸术的改良者”[2]。在“蔡侯纸”发明之前，简牍、缣帛和麻纸都是书写的材料，简牍厚重，不利于搬运和知识传播；缣帛贵重，制作难度大，难以普及和推广；麻纸是麻布制作过程中的衍生品，是“蔡侯纸”的初级阶段和改良基础，但当时产量稀少，也不易普及。因此“蔡侯纸”是在整合当时工匠造纸的工艺和方法的基础上，改进造纸原料及相关工艺制作出的纸张。正是这种创新性的改良，才使得纸张得到了真正意义上的广泛使用。

关于蔡伦是“造纸术发明人”的说法还有一种[3]。古代的造纸方法有浇纸法和抄纸法两种。西汉时期，造纸大多采用浇纸法，也是中国最早的造纸方法，是将植物纤维制成纸浆后自上而下地浇在竹帘上，每个帘子只能揭下一张纸，纸张比较厚实，且存在厚薄不均匀的现象，由于没有经过重物压榨水分的过程，纸张结构也较为松散；而蔡伦被认为是抄纸法的发明人，这种方法是把竹帘浸入纸浆池中，缓慢抄出纸浆，在竹帘上形成一层较薄的纸层，稍加晾晒后过滤水分再重复“抄”纸过程，等到竹帘上的纸层积攒到一定厚度时使用压榨工具挤压纸中的水分，最后将纸一层一层揭下来晾晒，从而形成质量上乘的纸张。之后，这一方法在世界各地被广泛传播。

二、是“宫斗”成就了蔡伦吗?

众所周知，蔡伦不仅是一个发明家，他还是一个宦官、一位朝臣，这些角色看似和发明家并不挂钩，但其实正是这种种经历才造就了独一无二的蔡伦。那么，是“宫斗”成就了蔡伦吗？

蔡伦发明“蔡侯纸”的原因较多，不仅与其自身具有过人的创新本领有关，还源于强烈的社会需求和自身的生存发展需要，再者东汉前的造纸原料及工艺基础也为发明“蔡侯纸”奠定了经验基础。

蔡伦的成长经历使他具有创新精神。蔡伦天资聪颖，幼时便有所体现，在大凑山麓的石林乡读书时，他接触了儒学文化，并深谙生产之法和生活之道。蔡伦年少时知书达理，善察言观色，处事圆滑投机。

进宫成为一名宦官后，蔡伦经历了种种斗争后进入了权力中心。当时宫内年长的宦官郑众对年少的蔡伦照顾有加。蔡伦在汉章帝建初元年（公元 76 年）入宫成为一名小宦官，最初在皇宫嫔妃所居的掖庭当差。蔡伦进宫后没多久，就凭借自己的机警和过人的处事能力，被窦大贵人重用并于建初三年（公元 78 年）参与后宫权力的争夺，帮助窦大贵人成功登上皇后之位。窦皇后从此获得专宠，终结了宋贵人母凭子贵的美梦。建初五年（公元 80 年），蔡伦被窦皇后提拔成为小黄门，掌管皇后宫殿的出入。建初六年（公元 81 年），窦皇后与宋贵人之间的仇恨日益凸显，窦皇后为稳固自己的后位和家族的荣华富贵，欲认梁贵人之子刘肇为养子，并计划除掉宋贵人及太子。窦皇后对宋贵人入药的药引菟丝大做文章，向汉章帝诬告宋贵人行厌胜之术，并让郑众及蔡伦等上书诬其“挟邪媚道”。汉章帝建初七年（公元 82 年）太子刘庆被废，刘肇被册立为新太子，宋贵人被逐出正宫，并交由蔡伦审问。宋贵人知道蔡伦是窦皇后的心腹，自知无生机，便在狱中饮毒自杀。这场后宫权力争斗最终以窦皇后胜利收场，蔡伦也从一个小黄门晋升至尚方令，正式进入权力中心。

那么蔡伦是不是就一直作为窦皇后的心腹继续其宦官生涯呢？

答案是否定的。在窦皇后及其一族的势力威胁到朝中稳定时，蔡伦坚决地站到了国家利益的一边。

公元 88 年，汉和帝刘肇即位，窦皇后升级为窦太后，由于皇帝年少，窦太后掌控了后宫与军政大权。蔡伦因拥立汉和帝有功，被封为中常侍，可参与国家机密大事决策，侍奉刘肇左右。后来窦太后为牢牢掌控国家权力，不断加封其家族人员，窦氏家族势力不断扩张，无视国法，引得民众怨言四起。情同父子的郑众和蔡伦纵观朝野，及时转变态度，极力辅助汉和帝亲政。蔡伦作为郑众的亲信，参与了粉碎窦氏叛乱阴谋的行动，促成汉和帝亲政。在汉和帝亲政期间，邓皇后对蔡伦十分赏识。汉和帝驾崩后，邓皇后成为太后，把控朝政，蔡伦又先后辅佐了汉殇帝、汉安帝。郑众死后，邓太后更加重用蔡伦，让他成为自己的左膀右臂，晋升为太仆，权力不亚于丞相。

可见蔡伦并不是没有家国意识、唯主人是从的一般宦官，而是一位目光长远、有计有谋的朝中大臣。所以并不完全是

“宫斗”成就了蔡伦，而是蔡伦借助宫中斗争，一步步走入权力的中心，又因其清晰的分辨是非能力，最终稳住了朝纲。

三、蔡伦与造纸术的不解之缘

蔡伦在造纸方面的环境基础。蔡伦祖传的铸铁业和幼时家乡桂阳郡兴起的苎麻蚕丝种养业为他在铸铁、造纸方面的成就打下了坚实的基础。但这造纸术不是凭空产生的，需要具备一定的前提和基础，在蔡伦之前，民间就已经有麻纸、絮纸等。

蔡伦的创新能力与众不同。蔡伦长期主管御用器具的制造，博采众长，善于发明创造，具备创新能力。蔡伦在前人工匠造纸的工艺与方法的启发下获得灵感，进而创造出优良的书写材料。蔡伦主要使用树皮、麻头、破布和旧渔网等材料，拓展了造纸原材料，使大规模造纸成为可能。新材料的使用对造纸新工艺提出了新要求。“每至休沐，辄闭门绝宾，暴体田野”，正说明蔡伦非常勤奋，对政治、仕途变得淡漠，逐渐不再参与国政大事，专心于纸张改进工作。

根据《后汉书·蔡伦传》记载，蔡伦有一次随下属去为其父祝寿，经过槐沟河时，见一群小孩用木棍挑起水面上的沤变物玩耍。他发现那些沤变物离开水面后迅速变干，用手摩擦，感觉轻巧柔韧，应该可以用来书写文字。这一现象引起了蔡伦的高度关注，他觉得这与自己所要研究的造纸工艺有一定的联系，此后，他便借住在下属家中，与工匠反复实践，专心研究造纸方法，最后完善了造纸工艺，其锉、煮、打、抄的工艺原理一直沿用至今。

当然，蔡伦能够一心扑在造纸上，与在宫中时的喜好是分不开的。

蔡伦的所作所为均是以皇帝的喜好、需求、意志为前提的，可顺理成章地得到朝廷的支持与帮助。邓太后虽对权力有野心，但其自身才华横溢，希望能积极传播儒学经典。她曾组织一批博学鸿儒修订经书，并在抄写后颁布于全国各地，因此当时对书写材料的需求迅速增加。但限于当时的书写材料主要是缣帛和麻纸，难以满足书写需求。因此蔡伦便主动请缨，主持纸张改良工作。所以，正是有邓太后的用纸需求，才进一步加快了蔡伦的造纸进程。

汉和帝元兴元年（公元 105 年），蔡伦成功改良纸张，纸张质量得到提高，受到了汉和帝的赞誉，并下令在全国推广使用，后人也将蔡伦改进制造的纸称为“蔡侯纸”。

公元 3— 6 世纪（魏晋南北朝时期），造纸术得到了进一步发展，开始向国外传播，最先传到的国家是朝鲜和越南。公元 7 世纪（隋末唐初）初期，造纸术由朝鲜传入日本；公元 8 世纪中叶（盛唐时期），阿拉伯商人通过丝绸之路，将造纸术带到中亚地区，在整个阿拉伯范围得到普及；公元 10 世纪，造纸术传入埃及；公元 12 世纪中叶，阿拉伯人将造纸术流传至欧洲，结束了欧洲数百年的羊皮纸时代；公元 13 世纪传入印度；公元 16

世纪传入俄罗斯、美洲、荷兰；公元 17 世纪传入英国；公元 19 世纪传入澳洲，造纸术就这样被传播到世界各地，为人类文明的记录和传播做出了不可磨灭的贡献，有力地促进了世界文明的发展。

四、蔡伦这一生

纵观蔡伦的政治生涯，他先后侍奉 4 位皇帝，投靠 2 任皇后，可谓节节高升，身居列侯，位尊九卿，可见蔡伦深谙宫中生存之道。蔡伦一生在内廷为官，不可避免地参与皇室权力争斗，尤其是在外戚与皇室的旋涡中，也曾扮演过不光彩的角色，最终也因参与后宫争斗被汉安帝赐罪。汉安帝念蔡伦当初拥立有功不忍其入狱受刑，故而令其自动到廷尉处认罪，蔡伦不愿受辱，因此沐浴自杀，结束了自己的一生，结局较为凄惨。但实则这也是蔡伦的无奈之选，只有选择投靠一方势力才能在宫廷斗争中生存下去。蔡伦的发明创造能力为其在宫中的长久生存奠定了基础，其发明的"蔡侯纸"也成为流芳百世的功绩，具有实际价值。

蔡伦发明的造纸术具有很高的技术含量，即便是现代造纸工业也脱离不了蔡伦造纸的基本原理和工序，因此蔡伦被称为造纸术技术的革新者、组织者、倡导者、推广者，他的这一历史地位毋庸置疑。造纸术的改良具有世界意义，促进了世界文化的传播与交流。

第二章　哥白尼与日心说

2005 年，在波兰弗隆堡大教堂，工作人员发现一具男子遗骸，年龄大约 70 岁。研究人员将骨头送到法医实验室进行面部恢复后，发现老人的脸部与现有的哥白尼肖像相似，特别是鼻子的特征与哥白尼的自画像一致。研究人员随后对遗骸的牙齿等进行 DNA 测试，并与哥白尼藏书里所夹头发加以比对，最终证实该遗骸确实是哥白尼。

这具遗骸于 2010 年 5 月 22 日在波兰弗隆堡大教堂被重新安葬。黑色花岗岩墓碑上装饰着太阳系天体运行图，即六颗行星环绕金色的太阳。在仪式上，牧师亚采克·耶杰尔斯基说："今天的葬礼展示了科学与信仰的和解。"

这位众所周知的天文学家的遗骸怎会以这种形式出现在世人眼前？他的一生到底发生了什么？

尼古拉·哥白尼（1473 年 2 月 19 日至 1543 年 5 月 24 日）是波兰的天文学家、数学家、教会医生和文艺复兴时期的牧师。

他出生于波兰的一个富裕家庭。但在哥白尼10岁那年，他的父亲去世了，他被送到舅父务卡施大主教家中抚养。在波兰克拉科夫大学学习医学时，18岁的哥白尼便对天文学产生了极大的兴趣。

1496年，23岁的哥白尼来到了文艺复兴的源头——意大利，在博洛尼亚大学和帕多瓦大学学习法律、医学和神学。哥白尼受到了博洛尼亚大学诺瓦拉分校的天文学家德·诺瓦拉的影响，并从他那里学习了天文观测技术和希腊天文学理论。

成年后的哥白尼在费劳恩译格大教堂担任教士，由于医术高明，他被人们誉为“神医”。所以说，哥白尼并不是一名职业天文学家，但他自始至终都是一名虔诚的天主教徒。换句话说，哥白尼的天文巨作是利用他的业余时间完成的[4]。

哥白尼在1506年到1515年完成《天体运行论》，但该著作一直到1543年他去世后才出版。他在书的序言中写道：“在漫长的岁月里，我曾经迟疑不决。”

为什么哥白尼对这本书的出版犹豫不决？这件事还得从宗教与科学的关系说起。

在那个时代，“科学是神学的婢女”，许多教义被歪曲和阉割，用来为封建统治服务。公元2世纪，古希腊天文学家托勒密总结了400年前的观测结果，写成《天文集》，提出“地球是宇宙中心”的理论。这一学说一直为人们所接受，流传了1400多年。神学家用“地心说”来解释“神学家的天空”，到中世纪，教会将“地心说”作为基督教的宇宙观，并对托勒密的学说进行不断完善，但却同时隐瞒其观察微积分和推理的方法，试图愚弄人类并使封建统治不变。

哥白尼勤奋钻研，不但发现了托勒密的错误，而且发现了宇宙的奥秘。

在哥白尼旅居意大利时，教皇亚历山大六世重新颁布“圣谕”，禁止出版教会没有审查的书籍，可疑书籍一律烧毁。

1506 年，当哥白尼结束自己在意大利的 10 年求学生涯返回波兰时，他目睹了宗教法官对胡斯分子的血腥镇压。在哥白尼的一生中，波兰境内至少进行过 300 起宗教裁判活动。哥白尼也经常受到威胁和迫害，在他担任弗隆堡大教堂修士的瓦尔米亚教区，他的舅父务卡施大主教死后，几位继任大主教都强调要“查禁邪教”并对修士们施加严格的监管。哥白尼被他们认为是一个“反叛者”，直到他生命的尽头，他的身边依然还有他的上级所安排的秘密特工和间谍。

主使迫害哥白尼的是波兹南宗教裁判官霍兹乌施——一个焚烧书籍后晋升为波兰大主教的“疯子”，他将哥白尼的亲戚和朋友视为眼中钉、肉中刺，包括修士亚历山大·斯古尔捷特和管家安娜。

虽然斯古尔捷特是一名修士，但他相信无神论。他钦佩哥白尼，两人很快就成了知己。这引起了霍兹乌施和新主教丹蒂塞克的怀疑。新主教丹蒂塞克是一个非常阴险的家伙，他认为

《天体运行论》的出版定然会打破他现在所维护的神学殿堂，便步步紧逼哥白尼，先是让哥白尼和修士斯古尔捷特断绝来往，但却遭到了哥白尼的拒绝，后来斯古尔捷特被罗马教廷逮捕。

不久，丹蒂塞克强迫哥白尼和安娜根据弗拉芒牧师的供词结束他们之间的关系。安娜出身名门且性情贤淑，对哥白尼非常爱慕，毅然决然地抛下世俗的成见与被教会剥夺结婚权利的哥白尼同居了近 10 年，此时他们之间已然有了很深厚的感情。在安娜的精心照顾下，哥白尼《天体运行论》的书稿日渐加厚。为了抵抗，哥白尼多次要扯下他的长袍，扬言要还俗，但他的强烈反抗并没有使事件好转。安娜为了能够让哥白尼继续写作不得已忍痛离开。不久，她被驱逐出境。

1525 年，安娜不惧谣言，回到了哥白尼的身边。在她的细心呵护和帮助下，《天体运行论》的写作顺利进行。

在此期间，罗马教廷也对哥白尼的“日心说”感到非常惊恐。1533 年，曾呼吁“地球中心理论”的教皇克莱门特七世找人对哥白尼“日心说”的基本原理进行阐述。这一阐述让教皇感到震惊，并决定找到一种方法来控制哥白尼。1536 年，红衣主教给哥白尼写了一封信要求获得其手稿，但被哥白尼拒绝了。

意大利天文学家伽利略曾说过：“当我想起哥白尼老师的命运时，我感到很震惊。”然而，教会对哥白尼的迫害并不妨碍《天体运行论》的出版。

哥白尼的学说在社会上引起了很多批评。例如，马丁·路德曾挖苦说：“这个傻瓜想要推翻整个天文学。”

哥白尼公开表示彗星完全是一种自然现象，与人们的生活无关。这一说法冒犯了教堂，教会采取编写荒诞剧本的卑鄙手段公开侮辱哥白尼，将哥白尼形容成一位自命不凡的天文学家，每天将自己锁在壁橱里工作，满口胡言乱语，最后被置于魔鬼的地狱里。

尽管环境险恶，但哥白尼并没有妥协。他的斗争慢慢得到一些人的支持。1541 年，哥白尼决定印刷他的作品。他浓缩 10 多年呕心沥血写下的手稿，并将其交给他的朋友莱蒂克（Letic）。当时莱蒂克被邀请在大学任教，他将这本手稿交给了他的朋友——一位在纽伦堡的出版商。但是由于种种原因，手稿还是被大幅修改，一些哥白尼教义被删除。

1543 年 5 月 24 日，当这部伟大的作品被印刷时，失踪多年的哥白尼已经生命垂危。医生把这本书放在被子上，并把哥白尼的手放在书上。一小时后，哥白尼去世了。

哥白尼去世后，《天体运行论》在世界范围内流传了 300 多年。直到 19 世纪中叶，手稿才在布拉格的私人图书馆中被发现。1953 年，当第四版《天体运行论》印刷时，所有原始章节都被添加了进去，而这时哥白尼已经逝世了 410 年。

用尽毕生精力研究天文学的哥白尼为我们留下了宝贵的遗产，他的“日心说”使自然科学获得了新生，他被称为人类科学发展史上最伟大的革命家之一当之无愧！

第三章　寻找真实的李时珍

李时珍是我国历史上的名医，是明朝著名的“医圣”，其所著的《本草纲目》是众多中医药古籍中的佼佼者，遂被世人称为“药圣”[6]。李时珍的传说在民间流传极广，大致具有两个鲜明的特点：一是神化的李时珍；二是平民化的李时珍。前者彰显了李时珍起死回生的高超医术和救死扶伤的崇高医德，后者表现出其医者仁心的奉献情怀和坚忍不拔的献身精神。其流传后世的民间传说有很多偏离史实之处，因此需要拨开历史迷雾，寻找真实的李时珍。

李时珍出生于湖广黄州府蕲州（今湖北省蕲春县）的一个医学世家。李时珍的祖父是一名乡野郎中，社会地位卑微。其父李言闻在当地颇具名声，医术高明。据史料记载，李言闻曾任职太医院莲幕，职位相当于太医院顾问或者参谋，但并无实际名分。

明英宗时期，李家与荆王府颇有交情，李言闻很可能因此缘由被荆王府推荐至太医院。需要注意的是，在封建社会，医生的社会地位十分低下，与算命、卖卦、看风水的人一样，是从事“小道”“贱业”的人，属于“中九流”之一。因此，李言闻希望李时珍能够通过科举出人头地，从而改变李家的社会地位。李时珍幼年时期受家庭环境的熏陶，对医学知识就有接触，并立志行医。但是，在科举至上的传统社会，走仕途是每个读书人的优先选择。因此，李时珍顺应时代潮流，依照父亲的愿望参加科举。李时珍 14 岁时便中了秀才，这对于一心向往仕途生涯的李言闻来说无疑是莫大的期盼。但天不遂人愿，李时珍在科举路上艰难跋涉，连续参加了三次乡试，均落榜，还因为过度劳累和心理压力得了骨蒸病，险些丢了性命。最终因为屡次落第，他对科举制度心灰意冷，无奈之下转而习医。

至此，李时珍一门心思跟随父亲钻研医术，为百姓治病，闲暇时刻苦研读医学著作。不到 4 年，李时珍已经成为一名独立行医的医生，并在当地小有名气。后来，湖北楚王世子突发暴厥症，楚王找了很多大夫都没治好，便慕名请来李时珍为世子医治，李时珍一服药便药到病除。于是楚王任命李时珍主管王府里的祭祖之事，官居七品。3 年后，皇帝突然招揽天下名医，楚王将李时珍推荐入太医院，任太医院判（这一说法的真伪仍待判别）。

因此，李时珍并不厌恶科举，与“淡泊名利、厌恶科举、痛恨官场[5]、钟情医药”的现代版李时珍形象并不相符。李时珍家族从来不排斥官场，甚至非常看重官职。事实上，习医只不过是李时珍在入仕无门的窘境下选择的一条岔路。“不为良相，但为良医”表达的也只是仕途失败的无奈感慨。

李时珍知名度的提升与其著作《本草纲目》的流传和应用息息相关。李时珍在行医过程中发现，本草医学古籍中存在错误，市面上的药材名目混乱，便萌发了编撰一本新本草书籍的想法并付诸实施。李时珍用 18 年进行野外考察，用 10 年三易其稿，阅读的书籍 800 余部，终于完成了其重修本草的心愿。《本草纲目》有 16 部、52 卷，约 190 万字，收纳了明朝之前本草医书中所记载的药物 1518 种，并在前人基础上增收药物 374 种，共 1892 种；共辑录古代药学家和民间单方 11096 则，书前附药物形态图 1100 余幅。

其实，《本草纲目》的出版过程并不顺利。《本草纲目》成书后，李时珍在黄州、武昌府寻求出版商，但因为书籍厚重繁杂，专业性较强，读者群体有限，商业价值不高，屡次被拒。1579 年，李时珍远赴当时全国最大、印刷水平最高的刻印中心——金陵（现南京），但也未如愿。1580 年，李时珍远赴太仓，欲寻求当时文坛巨子王世贞为《本草纲目》作序，以此来提高书籍的知名度。但李时珍当时仅在家乡较为有名，因此王世贞并没有答应李时珍的请求，反而作诗讽刺他。可能是两人在名气上相差较远，抑或是宗教信仰不同，因为李时珍对道教崇尚丹药等观念并不认同。10 年之后，也许是因为王世贞年老后心境改变或者是李时珍医名的提升，王世贞答应为《本草纲目》作序。其中有“予窥其人，睟然貌也。癯然身也，津津然谭议也，真北斗以南一人”“格物之通典，帝王之秘箓，臣民之重宝也”等语句，对李时珍及《本草纲目》给予了很高的评价。但这些赞誉之词也不排除王世贞卖弄其文学辞藻的可能性，因为李时珍在当时仍未能成为享誉全国的名医。李时珍去世 3 年后，《本草纲目》在金陵刊印面世，称为“金陵本”，随后又有“江西本”。后来《本草纲目》先后有 15 种版本面世，这为李时珍及《本草纲目》的盛名远扬奠定了基础。《本草纲目》首次刊印后，很快传入日本，后被译为英、法、德、拉丁、俄等多种语言在国外出版发行，成为世界各国生物学、植物学和医药研究者学习探究的宝典，是当时最系统、最完整、最科学的一部医药学著作。

《本草纲目》吸收了历代本草著作的精华，全面总结了明代以前我国药物学的巨大成就，并以实事求是的科学精神进行纠误补漏。比如李时珍对服食“金丹”可以长生不老，服食黄连、雄黄、芫花等可以成仙不死等说法从理论上加以否定，明确指出这种迷信说法的危害性。李时珍还首创外敷冰降温退热、蒸汽消毒预防瘟疫等方法，并提出“脑是人精神活动的总枢纽”，推翻了自古以来“心是人的思维器官”的传统定论。

《本草纲目》的价值不只体现在药物学方面，还首创了按药物自然属性逐级分类的纲目体系，这种分类方法是现代生物分类学的重要方法之一，比现代植物分类学创始人林奈的《自然系统》早了一个半世纪，被誉为“东方医药巨典”。

李时珍敢于实践、善于总结、精于观察，在当时并无朝廷支持的情况下，仅靠一己之力撰写草本药典，其中存在一定的片面性也在所难免，而且由于李时珍所处的封建社会，其思想和学识会受到历史的局限，将《本草纲目》过分神化也是不可取的。所以，我们对《本草纲目》的继承和学习应具有选择性，在日后的应用中加以弥补修正，进一步提高其学术价值，为中医药发展提供正确、科学的方向。

《本草纲目》对中国乃至世界医药学作出了巨大贡献，享有崇高的声誉，被誉为“东方医药巨典”和“中国古代百科全书”。郭沫若先生为李时珍墓碑题词：“医中之圣，集中国医药之大成，广罗博采，药费三十年之殚精，造福生民，使多少人延年活命，伟哉夫子，将随民族生命永生。”这是李时珍医德实践的真实写照，也是对李时珍医德思想的崇高评价。

第四章　为真理而献身

一、布鲁诺其人

乔尔丹诺·布鲁诺（Giordano Bruno），被后人评价为文艺复兴时期的意大利思想家、自然科学家、哲学家和作家。1548年，乔尔丹诺·布鲁诺出生于意大利那不勒斯诺拉镇的一个贵族家庭。1565年，17岁的布鲁诺进入多米尼加修道院，次年成为一名官方僧侣。在修道院里，除了学习神学，布鲁诺还学习古希腊语、罗马语及东方哲学。10年后，年轻的布鲁诺获得了神学博士学位并得到了教职。

从青少年时期的学习经历可以看出，布鲁诺对当时的宗教并不反对，甚至还花了大量的时间学习它。那么是什么原因导致布鲁诺最终被宗教裁判所判定为“异端”并被烧死在罗马广场呢?

二、16 世纪的基督教

基督教起源于公元 1 世纪初罗马帝国统治下的巴勒斯坦地区。受 14 世纪以来兴起的欧洲文艺复兴运动影响，在布鲁诺所处的公元 16 世纪，宗教改革正在如火如荼地进行。1517 年 10 月 31 日，威滕伯格大学神学教授马丁·路德发布了一则通知，这就是著名的“九十五条纲要”，标志着宗教改革的开始。

三、布鲁诺与宗教冲突

除了在修道院学习，布鲁诺还经常参加一些社会活动，与一些人文主义者走得很近。受人文主义影响，布鲁诺阅读了许多禁书，哥白尼的天体运动学说和当代著名哲学家特雷佐尔的作品对他产生了深远的影响，他开始对自然科学产生浓厚的兴趣，并逐渐对宗教神学产生怀疑。他驳斥了学术哲学家所宣传的学说，撰写了一些批评圣经的论文，并在日常行为中表现出对基督徒的厌恶。

这些言行激怒了罗马教廷，宗教裁判所指控他为“异端”。但布鲁诺依然坚持自己的观点，为了逃避审判，他离开了修道院，逃到了罗马，后来搬到了威尼斯。

1578 年，布鲁诺流亡瑞士。在日内瓦，他因对加尔文主义的激烈反对而被捕并被监禁。1579 年，布鲁诺获释后，来到法国南部市镇土鲁斯，在当地一所大学任教。1581 年，布鲁诺来到巴黎，在巴黎大学宣传唯物主义和新的天文学观点，遭到法国天主教和加尔文教的围攻。关于唯物主义和新的天文学观点，布鲁诺实际上正在发展哥白尼的“日心说”并提出一个新的理论：宇宙在时间和空间上是无限的，没有固定的中心，没有边界。

1583 年，布鲁诺逃往伦敦。这个时期是他的思想完全成熟和创作高峰的时代。他发表多篇文章用以宣传他的新思想。在牛津大学的一次辩论中，布鲁诺发表了一篇批评托勒密“地心说”的演讲，并与学术哲学家进行了激烈的辩论，最终布鲁诺被禁止参加讲座。

1585 年，布鲁诺返回巴黎。第二年春天，巴黎最古老的著名学府索尔蓬纳大学组织了一次大规模的辩论会，他在演说中再次论证了他的宇宙观。由于他反对被教会奉为绝对权威的亚里士多德和托勒密，被再次驱逐出法国。

后来布鲁诺又去德国、捷克讲学，漂泊了 6 年。在侨居法兰克福期间，他发表了 3 部用拉丁文撰写的著作。布鲁诺对当时基督教信徒的某些行为很不认同，比如，在当时的意大利，基督教的统治根深蒂固，各种宗教迷信活动较为流行，但布鲁诺对这一切嗤之以鼻。

布鲁诺对于基督教的一些教义产生怀疑。他认为天主教会关于上帝“三位一体”的教义是错误的，他向学术哲学家们传道，激怒了教会并受到了教会的迫害。

布鲁诺对宗教改革的领袖人物也没有给予好脸色，他斥责路德、加尔文等宗教领袖为“世上最愚蠢的人”，并说他们“毫无头脑，没有知识，远远离开了文化与生活，而在永恒的迂腐中发霉腐烂”，他们的所作所为只是“给烂透了的宗教医治溃疡”“给宗教的外衣修补破洞而已”。

布鲁诺对整个宗教都持有否定的态度。在他的著作和演讲中，宗教历史对科学、哲学、道德和社会关系都是有害的。他认为宗教对人们的思想一无所知，阻碍了科学和哲学的发展。他对宗教的弊端与危害深恶痛绝，对各级僧侣恨之入骨。他甚至疾呼：不仅有必要把教会财产收归国有，消除教会的经济权力，停建教堂，关闭修道院，而且要剥夺僧侣特权，迫使他们从事社会公益劳动。

四、布鲁诺的死因与“日心说”

人们通常认为布鲁诺死于捍卫“日心说”，实则不然。试想，提出“日心说”的哥白尼都没有因这一学说而被处死，为什么后继者布鲁诺会被残忍地烧死在广场上呢?

事实上，哥白尼的《天体运行论》出版后并未引起太多关注：普通人不理解，天文工作者大多只用这本书作为编制星表的方法。在出版后的70年中，《天体运行论》受到马丁·路德的谴责，但也没有引起罗马教廷的注意。后来，布鲁诺和伽利略公开宣传“日心地动说”，危害到了教会的统治地位。

虽然布鲁诺客观地推动了“日心地动说”的研究，但他对哥白尼“日心地动说”的支持并不是因为它是一个科学真理，而是因为“日心地动说”可以支持布鲁诺的多神论哲学[7]。布鲁诺以泛神论的形式阐述了唯物主义：无限宇宙中普遍运动变化的事物，形成一个统一体，“对立面吻合于一”。因而这个泛神论在本质上是唯物主义，自然是对基督教教义的一种颠覆。

布鲁诺被迫害不仅是因为他坚持科学的真理，还因为他公开宣传了不同的基督教神学观。丹皮尔在《科学史及其与哲学和宗教的关系》中说道：“当时最好的科学意见，是反对这个新系统。罗马人和日内瓦人都认为是异端的布鲁诺等革命知识分子或许赞成哥白尼的见解，但比较谨慎的哲学家都敬而远之。布鲁诺也相信宇宙是无限的，而星星则散布于无尽的空间里。布鲁诺是热忱的泛神论者，公开地攻击一切正统的信仰。”

布鲁诺在欧洲广泛宣传他的新宇宙论并反对学术哲学，进一步引起了罗马宗教裁判所的恐惧和仇恨。1592 年，罗马教徒将他诱骗回国，并逮捕了他。刽子手们用尽刑罚仍无法令布鲁诺屈服。经过 8 年的残酷折磨，布鲁诺被处以火刑。

他曾说：“高加索的冰川，也不会冷却我心头的火焰”“为真理而斗争是人生最大的乐趣”[8][9]。

1600 年 2 月 17 日凌晨，通往鲜花广场的街道上到处都是人。布鲁诺被绑在广场中央，他庄严地向旁观者宣布：“黑暗即将过去，黎明即将到来，真相终将战胜邪恶！”最后，他大喊：

“火，不能征服我，未来的世界会了解我，会知道我的价值。”刽子手用木头塞住了他的嘴，点燃了火。布鲁诺在熊熊烈火中英勇就义。

烈火燃烧了布鲁诺的躯体，但真理是不死的，是永存的。正义可能迟到，但永远不会缺席。随着科学的不断发展，到了1889 年，罗马宗教法庭不得不亲自出马，为布鲁诺平反并恢复名誉。同年的 6 月 9 日，在布鲁诺殉难的罗马鲜花广场上，人们竖立起他的铜像，以作为对这位为真理而斗争，宁死不屈的伟大科学家的永久纪念。

第五章　达尔文的真正贡献

只有更近一步地了解达尔文的生平事迹，才能真正明白达尔文的苦衷，因为达尔文提出的进化论是颠覆性的。人们都认为，达尔文的进化论之所以是颠覆性的，是因为他提出人不是由上帝创造而是由猿猴变化而成。事实上，达尔文的祖父已经提出了完整的进化论思想，认为物种是有独立起源的，物种是变化的，而非上帝创造的。此外，[10]还有诸如拉马克进化主义等，这些理论在几十年前就被提出了。

一、达尔文真正的贡献是什么？

进化是没有方向的。每个物种都无法真正掌控自己的命运，这才是达尔文真正的发现。对他来说，自然是没有任何感情、立场的死神，手持一把剪刀，冷冷地注视着所有人，并随时会将不适合生存的物种剪掉，让那些适合的物种生存下去。

我们所见的世界，是如此地美丽和宁静，这里有鸟儿在歌唱，有海洋生物在游动，但那只是表象。在亿万年前，无论是恐龙还是三叶虫，任何一种生物都有着一段悲惨的历史，没有一种生物能逃过大自然用剪刀所做出的判决。每个物种都在不停地化作尘埃，然后重新组成新的物种，再投入“进化”的长河中，从来没有哪个种族能够掌握自己的命运。自然界没有方向，所有的生物都在与这把剪刀赛跑。任何一个物种，都无法掌控自己的未来，也没有任何一个物种，能够凭借自己的努力，得到一种向上的力量[11]。

因此，达尔文并没有将上帝赶下神坛，而是将人类生存的信心和信念摧毁了。当人们自认为正在为了更好的生活而努力的时候，达尔文却用一种优雅的英国文学风格，嘲讽道：“你们什么都不懂，大自然的剪刀在决定你们，你们自己什么都决定不了。”这才是达尔文进化论真正的精髓。

那时，英国伦敦还有一名留着络腮胡的男子，这名男子名叫马克思，距离达尔文的住所只有 16 英里，他们虽然是同时代的人，却从未谋面。马克思也是历史上的颠覆性人物，在马克思的内心深处有一种强烈的信念，他相信自己正在为人类指引一条光明的道路，这就是为什么他笔耕不辍。也正因为如此，达尔文才会如此痛苦，20 多年不敢动笔。事实上，自进化论问世以来，达尔文所受到的各种非议持续到现在。无数人攻击他，包括他最好的朋友。达尔文的进化论不能满足那个时代的科学规范，许多英国著名的科学家都在反对他。时至今日，我们仍然认为达尔文的进化论是一个假说[12]。

达尔文这些颠覆性的想法，让他身边的人感到非常害怕。他的妻子非常爱他，在嫁给他之前写了一封信，信里说："我非常爱你，但是你这套理论彻底得罪了上帝，我嫁给你之后，我们相爱一生之后还能在天堂重逢吗？"达尔文后来在日记里写道："每到深夜的时候，我经常抱着这封信沉痛地哭泣，因为我真的不知道我和我的妻子能不能在天堂重逢。"达尔文活到 73 岁，他临死前留下遗嘱，表明自己想要一具普通的棺木。可是后来，英国人却不顾他的遗愿，为他制作了一具豪华的棺木，将他安葬在威斯敏斯特大教堂，与牛顿以及一生都反对他的英国物理学家开尔文同眠于此。虽然达尔文做出了巨大的贡献，但是却没有实现自己的遗愿，而是与反对他一辈子的科学家同眠，就这样被定格在了历史上。达尔文的故事告诉我们，创造要付出的可不只是智慧，更重要的是勇气。

二、达尔文与华莱士

达尔文在有了自然选择的想法之后，并不急于将其公诸于众，而是收集了大量资料之后，到 1842 年才把这个理论记录下来，并把手稿寄给几位友人征求意见。

1844 年，苏格兰出版家罗伯特·钱伯斯匿名出版了《创造的自然史之残迹》一书，提出一种直线性进化论，将进化机制归结于环境的累积或营养的改变。该书在英国臭名昭著，不仅受到宗教人士的抨击，也由于充满科学错误而饱受科学界人士的批评。达尔文很担心如果仓促将进化论公布于世，也会遭受同样的命运。作为一个天性平和的人，他想尽力避免以上情况的发生，并做好了在死后才发表其成果的准备。他留下一份遗嘱，交代了在他死后如何处理进化论的手稿。

1858 年夏天，达尔文收到了华莱士的信，这封信迫使他不得不在生前发表自然选择理论。华莱士是一位年轻的生物地理学家，和达尔文一样，他在马来群岛考察时所观察到生物的地理分布特点也促使他思考生物进化的问题。华莱士在一场病中受到马尔萨斯《人口论》的启发，也因此独立地提出了自然选择理论。他出身贫寒，又极其反对基督教，没有达尔文作为上层社会人士的种种顾虑，因此以一股初生牛犊不怕虎的劲头，用三个晚上就写成了一篇论证自然选择的论文，寄给达尔文征求意见。然而，他并不知道那时的达尔文已经花了 20 多年时间钻研进化论。他之所以会找达尔文征求意见，纯粹是因为达尔文完成“贝格尔号之航”后就在生物地理学界确立的崇高地位[13]。

达尔文看了华莱士的论文，见到自己的理论出现在别人的文章中时，其震惊和沮丧可想而知。他的第一个念头，是压下自己的成果，让华莱士独享殊荣。然而，他的朋友，地理学家赖尔和植物学家虎克均早已阅读过他有关自然选择的手稿。在他们的建议下，达尔文将自己的手稿压缩成一篇论文，和华莱士的论文同时发表在1858年林耐学会的学报上。这两篇论文并没有引起多大的反响。在赖尔和虎克的催促下，达尔文在1859年发表了《物种起源》（篇幅只是他准备多年的手稿的1/3左右），这才掀起了轩然大波。由于《物种起源》的成功，或许也受到达尔文的人格与智慧的影响，虽然华莱士与达尔文同享发现自然选择理论的殊荣，但是华莱士却总是将荣耀归功于达尔文一人，并把自然选择理论称为"达尔文主义"——这个称呼沿用至今。这个称呼恰如其分，不仅是因为达尔文对自然选择的发现比华莱士早了20年，也不是因为华莱士与达尔文联合发表的论文未受重视，而是因为《物种起源》才是自然选择理论真正的开山之作。更重要的是，华莱士对自然选择理论的理解不如达尔文那么准确、深刻。

三、不信基督的达尔文

1887年，达尔文的儿子法朗士·达尔文整理并出版了《达尔文自传》。由于在原《达尔文自传》中的"宗教观点"一节，达尔文表达了对基督教强烈的反感情绪，例如，他诅咒《圣经》是"该死的教义"。达尔文的妻子埃玛对此十分不满，提出："我以为，他写得太粗鲁了。"为此，她坚决要求法朗士·达尔文删去"宗教观点"这一节。因此，首版《达尔文自传》是经过删节的。1958年，达尔文的孙女诺拉出版了未删节的《达尔文回忆录》。在这两本由达尔文的嫡亲整理出的最具权威的"自传”里，并不能找到传福音书籍所说的有关达尔文信主的见证，相反却让我们看见了一个坚定的上帝的反叛者的真实自白——这些真心话他在外面轻易不说。

四、是什么让基督徒认为他信仰了基督呢？

必须承认，达尔文是个正派的科学家！他曾慷慨地向教会捐款。看到野蛮的土人被基督教所感化而变得文明了，他就积极支持基督教会的传道工作，他曾经和贝格尔号皇家军舰舰长罗伯特·菲茨罗伊联名写了《一封关于塔希提岛和新西兰等岛居民道德状况的意见》，向英国政府、教会和公众倡议支持传教事业。

科学家布鲁诺、伽利略被迫害的阴影始终笼罩在达尔文的心里，使得他迟迟不敢发表早已写完的《物种起源》，他知道一旦发表就会引起轩然大波——事实证明的确如此。他不是革命家，也不是传教士，他只是一个拥有十个孩子的父亲，他不具备“坐牢”“殉道”的勇气和胆量。他对宗教只能“敬而远之”。

第六章　诺贝尔奖的由来

阿尔弗雷德·诺贝尔，1833 年 10 月 21 日生于瑞典首都斯德哥尔摩。诺贝尔在私人教师的教育下，能熟练运用英语、法语、德语、瑞典语等与他人进行交流。他是瑞典化学家、工程师、发明家、军工装备制造商和炸药的发明者。1850 年，父亲将诺贝尔送去巴黎学习化学，1 年后，他的父亲又要求他前往美国，师从著名船舶设计师埃里克森。4 年后，诺贝尔从美国回到圣彼得堡，开始在他父亲的工厂里开展研究工作。1859 年，诺贝尔一家开办的工厂破产，随后父母带着他年龄最小的弟弟返回瑞典，诺贝尔等兄弟三人则留在俄国继续生活。1863 年夏，30 岁的诺贝尔返回斯德哥尔摩，协助他的父亲继续研发新型黑火药。不久，他重新拾起在俄国时期做的研究工作，经过数十次的实验，他终于发明了硝化甘油炸弹的引爆装置——雷管。随后，诺贝尔与他的父亲建立了生产雷管的厂房，生意非常火爆，连瑞典政府也来购买雷管。然而，1864 年，诺贝尔的弟弟在工厂的大爆炸中丧生，这件事使得诺贝尔痛苦不堪，随后瑞典政府下令禁止重建工厂，这令诺贝尔的处境雪上加霜。但是，历经磨难的诺贝尔仍然坚持着，他将实验室移到一艘驳船上，艰苦工作数年，做了数百次实验，但始终未得到成功的实验结果。终于有一天，他点燃雷管后愣住了，突然巨响震天，烟雾弥漫。人们失声喊了起来："诺贝尔！诺贝尔！"过了一会儿，他从黑烟中浑身是血地跑了出来，他发狂地跳着，喊道："我成功了！我成功了！"

诺贝尔在成功发明并改进了引爆烈性炸药的雷管后，开始生产硝化甘油。然而，硝化甘油遇到剧烈震动就会引起爆炸，于是各种爆炸事故接踵而至：1865 年 12 月，一位商人带着十磅硝化甘油住进一家旅馆并发生爆炸，将旅馆地基炸出一个大坑；1866 年，悉尼一家货栈储藏的两箱硝化甘油发生爆炸，造成重大经济损失并引起当地居民的恐慌；1866 年 4 月，"欧罗巴号"轮船因运载大量硝化甘油在中途产生碰撞从而发生爆炸，轮船沉入海底，船员全部遇难。

面对铺天盖地的批评与质疑，诺贝尔坚信新炸药的合理运用一定会对工业的发展起到强有力的推动作用，而现在的问题只是暂时的，是可以被解决的。经过昼夜奋战，诺贝尔改进了炸药的保存方法——用硅藻土吸收硝化甘油，这一改进最终解决了硝化甘油不稳定、易爆炸的问题。随后，诺贝尔四处奔走以证明硝化甘油的安全性。随着诺贝尔的亲身演示，新炸药重新赢得了人们的信任。从此之后，诺贝尔的新炸药被广泛应用到工业与矿业之中，甚至世界各地都大量使用他发明的新炸药。

人们想到雷管就会想到他，那么诺贝尔奖是因何设立？

谁能想到，诺贝尔奖的诞生，竟然是因为一条错误的讣告。1888 年，诺贝尔的哥哥路德维希·诺贝尔因心脏病逝世。然而，远在法国的一家报纸却以为是阿尔弗雷德·诺贝尔逝世了，特地发布了诺贝尔的讣告。在讣告中，大家并没有夸赞他的科学贡献，而是形容他："'死亡商人'，一代军火商，诺贝尔教授昨天过世了，他因发明了更快的方法杀死更多的人而致富。他一生都在发明新式方法毁灭生灵。"诺贝尔看到这则消息后才知道人们竟然如此地憎恨自己，他开始认真地反思自己。就在这时，投身于和平运动的法国作家伯塔·茨特娜出版了她的小说《丢掉武器》，大致内容为批判与反对战争。诺贝尔读过这本书以后，与茨特娜就和平问题进行了一次谈话，诺贝尔向茨特娜解释说，自己并不是为了制造武器才去发明炸药，而是希望炸药能够捍卫和平。经过这次谈话，诺贝尔准备在死后把部分财产作为奖金，以奖励那些为世界和平做出贡献的人们。因此，诺贝尔最重要的奖项也即诺贝尔和平奖[14]。

一代军火商究竟拥有多少财富是我们无法想象的。虽然老话常说"人有钱就变坏"，但是，诺贝尔不但没有变坏，而且成为保持初心、淡泊名利的人。

有一次，一家出版社打算出版一部关于瑞典名人的作品，并

希望得到诺贝尔的照片。他委婉地拒绝并回复道："我请求不要将我的照片刊载，我所做的一切只是为人类做该做的一点儿事情而已，完全没有必要大肆宣扬。"有一次，诺贝尔听到有人说是他发明了硝化甘油。他立刻更正道："硝化甘油是意大利化学家苏雷罗发明的，我只是发明了硝化甘油的引爆方法。"他的家人在整理家族史时，要求每个家族成员都写一份自传，要求自传能够囊括一生中的丰功伟绩，诺贝尔始终拒绝撰写。后来，每个人都写好了，就差他的一份。无奈之下，他便轻描淡写地写下了他的自传："本人诺贝尔，他那可怜的生命，在呱呱坠地之时，差点断送在一位仁慈的医生手里；主要的美德：清白做人，并时刻保持指甲的干净；主要的过错：终生不娶，脾气不佳，消化力弱；仅有的一个希望：不要被人活埋；最大的罪恶：不敬财神；生平主要事迹：无。"家人看了他的自传后，哭笑不得，这近乎戏谑的简洁自传，与家人的期望相差甚远。最后，他的家族成员们轮流出面，试图劝说诺贝尔重新修改自己的自传，但诺贝尔始终不改初衷。最终，他的家族成员们还是没有拗过诺贝尔，将他亲手写下的简短自传放进了家族史。

这位人称欧洲"最富有的流浪汉"一生没有妻室儿女，没有固定住所。1896 年 12 月 10 日凌晨 2 时，诺贝尔因脑出血逝世于意大利圣雷莫，享年 63 岁。诺贝尔在生命的最后几年，自知时日不多，于是他先后立下了 3 份遗嘱，最后以第三份遗嘱为准。第三份遗嘱与前两份的不同之处是其将财产的亲属继承权取消了，他将自己的全部财产用于设立奖励基金[15]。下面是他的遗嘱：

“签名人阿尔弗雷德·诺贝尔，在经过成熟的考虑之后，就此宣布关于我身后可能留下的财产的最后遗嘱如下：我所留下的全部可变换为现金的财产，将以下列方式予以处理：这份资本由我的执行者投资于安全的证券方面，并将构成一种基金：它的利息将每年以奖金的形式，分给那些在前一年里曾赋予人类最大利益的人。上述利息将平分为5份，其分配办法如下：一份给在物理方面作出最重要发现和发明的人；一份给作出过最重要的化学发现或改进的人；一份给在生理或医学领域作出过最重要发现的人；一份给在文学方面曾创作出有理想倾向的最杰出作品的人；一份给在曾为促进国家之间的友好、为废除或裁减常备军队以及为举行和平会议作出过最大或最好工作的人。物理和化学奖金，将由瑞典皇家科学院授予；生理学或医学奖金由在斯德哥尔摩的卡罗林医学院授予；文学奖金由在斯德哥尔摩的瑞典文学院授予；和平奖金由挪威议会选出的一个五人委员会来授予。我的明确愿望是，在颁发奖金的时候，对于授奖人的国籍丝毫不予考虑，不管他是不是斯堪的纳维亚人，只要他值得，就应该授予奖金。我在此声明，这样授予奖金是我迫切的愿望。

这是我唯一有效的遗嘱。在我死后，若发现以前任何有关财产处理的遗嘱，一概作废。

阿尔弗雷德·伯哈德·诺贝尔

1895 年 11 月 27 日”

根据诺贝尔的遗嘱，瑞典政府于 1900 年 6 月 29 日，正式批准设置诺贝尔基金会，同一天瑞典国会通过了诺贝尔基金会的章程。1901 年，诺贝尔逝世后 5 年，依照诺贝尔的遗嘱，在斯德哥尔摩举行第一届诺贝尔颁奖典礼。

他的成就驰名全世界，而他个人却始终默默无闻，因为他一生总是避免抛头露面。他曾说：“我认为我不配成名，而且我也不爱成名。”但是他死后，他的名字却给别人带来了至高无上的名气和荣誉。

第七章　门捷列夫与元素周期表

在俄罗斯西伯利亚西部，有一个名叫阿列木子雅恩斯克（Alemz Yaensk）的偏远而美丽的小镇。1842 年夏天，工厂里的工人们在高温下熔化玻璃，一个小男孩在旁边偷偷观看。小男孩很奇怪，为什么沙子经过化学处理后，成为透明的液体，变成了美丽得像艺术品一样的东西。看了一会儿后，他轻轻地从仪器架上拿了一根长管并偷偷伸入炉内蘸一些厚热的浆料，然后将其吹成漂亮的玻璃球，这样他就可以在其他孩子面前炫耀了。有一个眼力好的工人看到小男孩进行这么危险的操作，迅速将他抱到厂长办公室，厂长对小男孩进行了严厉的批评，小男孩坐在椅子上一言不发，望着窗外发呆。这个男孩便是门捷列夫，厂长就是他的母亲——玛利亚·德米特里耶芙娜（Marie Dmitry Yevna）。

门捷列夫自小在母亲的工厂里长大，对化学极其感兴趣，也耳濡目染地学到了一些化学知识。1843 年，8 岁的门捷列夫进入托波利斯克镇的中学。在中学时，门捷列夫虽然经常因生病而请病假，但是由于他天资聪慧，再加上父亲的指导，门捷列夫几乎每年都是当之无愧的“三好学生”。1849 年，门捷列夫中学毕业，即将进入大学读书，可是门捷列夫的母亲却因为家庭变故而为难。门捷列夫知道母亲面临着丈夫和大女儿因病离世的痛苦，玻璃工厂也被火烧毁，整个家庭陷入了危机。他考虑到家庭较困难，想要努力赚钱补贴家用，然而他知道这种行为会让母亲伤心，就把话藏在了心里。随后，母亲带着门捷列夫先后到莫斯科、圣彼得堡等地求学，结果莫斯科大学和圣彼得堡大学都不收门捷列夫这个学生。母亲最终决定让门捷列夫将来做一名教师，在朋友的帮助下，门捷列夫终于进入了圣彼得堡师范大学并成为一名寄宿学生。不幸的是，1850 年 9 月 20 日，由于劳累过度，门捷列夫可怜的母亲死于感冒。门捷列夫就此下定决心，他要更加努力来报答母亲。

门捷列夫在大学时代的生活异常艰苦。进入学校后，门捷列夫面临的困境就像一座大山一样压得他喘不过气，一方面，自己得不到亲人的资助，生活全靠奖学金维持；另一方面，他中学的基础太差了。苦苦坚持了六个月后，门捷列夫在一位教授的指导下，写了一篇题为《芬兰褐帘石的化学分析》的论文。对于他的第一篇学术论文，教授的评语是：“分析得非常好，值得在俄罗斯矿业学会杂志上发表。”随后，门捷列夫完成了他的毕业论文《论同晶现象与结晶形成及其构成的其他关系》，并顺利地从圣彼得堡师范大学毕业。他的毕业论文发表在《采矿》杂志上并出版了一本小册子。

一、最年轻的副教授

1855 年初，门捷列夫顺利地成为圣彼得堡师范大学的一名老师，一边攻读硕士学位，一边任教。对于他的短期发展，校方有两种意见：一些教授建议这位杰出的毕业生留在圣彼得堡准备硕士论文；医生则建议他去南方疗养身体。

门捷列夫接受了医生的建议。他首先去了克里米亚的辛菲罗波尔，然后去了敖德萨，在那里他担任数学、物理和自然科学的老师。在教学的同时，他准备了硕士论文。在不到一年的时间里，门捷列夫完成了一篇关于论比容的论文。他的硕士论文展示了他惊人的总结能力和博学的化学知识。

1856 年 5 月，门捷列夫返回圣彼得堡并申请著名的圣彼得堡大学硕士学位。半年后，他通过了论文答辩，并被学校委员会授予物理和化学“理学硕士”。随后，他写了一篇题为《含硅化合物的结构》的论文。根据这篇文章，圣彼得堡大学于 1857 年初任命门捷列夫为副教授和化学系秘书。23 岁时，他已经成为圣彼得堡大学最年轻的副教授。

二、发现元素周期表

1868 年夏天，34 岁的化学工程教授门捷列夫在编写化学教科书《化学原理》的第二部分时，遇到了前所未有的困难，久久无法落笔。他站起来，回到卧室旁边，穿上一件大衣，然后走到实验室。这位长头发、蓝眼睛、直鼻子和宽前额的科学家刚走到实验室门口，仿佛想到了什么，立刻从夹克口袋里拿出一本厚厚的笔记本写下来。他写的内容是："务必了解氢、氧和铁之间的排列规则，克服一切困难！"门捷列夫遇到的困难恰恰是化学元素排列的规律性。《化学原理》的第二部分论述了化学元素的本质。而在当时，世界各地的化学家都不知道化学元素排列的规则。

事实上，关于化学元素排列的研究已持续了近一个世纪。1789年，法国科学家拉瓦锡将已知的33种元素分为4类，即气体、金属、非金属和土质。这种分类方式是非常主观的，不能说明元素的排列顺序。1815年，英国医生普劳特提出所有元素都是由氢原子组成的。虽然这种见解拨开了无机化学世界的迷雾，但却缺乏科学证据。1829年，德国化学家博莱纳将15种元素分为5组，每组3个。他发现每组元素的化学性质非常相似，因此它们被称为"三素组"。1865年，英国化学家纽兰兹进行了一项开创性的实验：元素以原子量反复排列。他惊讶地发现，第八个元素在本质上与第一个元素相似，无论它是从哪个元素开始。他把元素的这种周期叫作"八音律"。如果纽兰兹继续研究下去，也许就没有那么多人知道门捷列夫了。然而，纽兰兹只是对元素进行了排列，并没有继续研究元素之间的规则。明晰要素的排列规律不仅有助于完成化学实验工作，而且可以使来自世界各地的科学家少走弯路。为此，门捷列夫常常思考，总是在办公室和实验室之间徘徊。

不久，门捷列夫想到了一种方便有效的方法，就是让仆人将厚纸切成 60 多张小的卡片。每张纸的正面写明元素的基本信息，例如已知元素的名称、原子量和化合价。这样，他可以直观地进行对比、调整。门捷列夫通过这些小卡片解决的第一个问题是找到已知化学元素铍的化合价和原子量。他首先按照博莱纳的方法将纸片分成 3 组，按照元素的原子量排列，彻底搞明白“三素组”。完成此步骤后，他不断改变排列的方式，希望能找出各种元素之间的排列顺序。几天之后，他终于完成了这个项目并将其绘制成一个表格。在该表中，各种元素的性质随着原子量的增加而增加，并且表现出周期性变化[16]。

经过反复思考和研究，门捷列夫大胆推测：这 60 多种元素，并不是全部，肯定还有许多没被发现的元素，例如，钙和钛之间存在一种尚未被发现的元素。他无法证明它是什么，因此他将其命名为“类硼”，并为其留下了“家”——介于钙和钛之间。

门捷列夫进一步发现锌后面本来是砷，但砷的化学性质与磷相似。经过计算，他将砷置于磷后面并腾出了锌后面的位置。门捷列夫称这种未知元素为“类铝”，并预测了这种元素的本质。

做完这一切，门捷列夫终于松了一口气。很快，他拿起笔在图片上写下了一行字："根据元素的原子量和化学性质所排列的元素表。"门捷列夫通过排列纸张，在35岁时就发现了元素的周期性。1869年3月6日，俄罗斯化学年会在圣彼得堡大学举行。门捷列夫准备在会上报告他的最新发现，却因为过度劳累而生病住院。最后，助理代表他发布了关于元素周期律的论文。

三、元素周期表的验证

门捷列夫发现周期表这件事情并没有让科学界沸腾。很多人都认为这是谬论，然而门捷列夫相信他的发现是科学的，并且在等新元素的发现以验证元素周期变化的科学性。

1875年的一天，他得知法国化学家布瓦博得朗在比利牛斯山脉的一个矿井的闪锌矿中发现了一种新元素镓，其被确定具有4.7克/立方厘米的比重。随后，他计算出类铝的比重为5.9~6克/立方厘米。因此，门捷列夫努力抑制住内心的狂喜，马上写信给布瓦博得朗教授。在阅读门捷列夫的信后，布瓦博得朗非常惊讶："镓"明明是我发现的，门捷列夫怎么会提前那么久预测过呢？这究竟是何方神圣？

布瓦博得朗立即礼貌地回信。在信中，他表示经过多次测量，"镓"的比重仍然是4.7克/立方厘米。门捷列夫当然不愿意放弃这个机会，他回信告诉布瓦博得朗教授："镓"的比重不

一致，这可能是由于纯度不够。布瓦博得朗重新提纯了“镓”并再次测量其比重。结果连他自己也感到惊讶：比重为 5.96 克/立方厘米，刚好在门捷列夫指出的 5.9～6 克/立方厘米的范围内！布瓦博得朗钦佩地写信把结果告诉了门捷列夫。

法国化学家布瓦博得朗首次使用实验方法来验证门捷列夫的预言，从而证明了元素周期律的科学性。这一事件在欧洲科学界引起了巨大反响。门捷列夫关于化学元素周期定律的论文很快被翻译成法语和英语，并在欧洲的主要科学期刊上发表。验证元素周期法的旅程正式开始。从那以后，许多科学家开始对一些还没有被发现的元素进行探索。随后，好消息陆续传来。1886 年，德国化学家温克勒通过光谱分析发现了一种新元素锗；1895 年，英国化学家拉姆齐发现了一种新元素氦；最大的惊喜来自居里夫妇，1898 年，居里夫妇发现了放射性元素“镭”，其原子量为 226.0254，这一结果也精确地落在了门捷列夫的预测范围内。作为化学的基本定律之一，元素周期律大大推进了现代科学和物理学的发展。因此，门捷列夫成功地撰写了第二卷《化学原理》。直到今天，世界上的无机化学教科书几乎都使用化学元素周期律作为讨论各种化学元素的基本工具。

四、与诺贝尔奖失之交臂

门捷列夫曾被两次提名诺贝尔奖，但他始终都没有获奖，因为陪审团的一名成员认为门捷列夫的贡献过于陈旧，元素周期表众所周知，因此门捷列夫不应该被授予诺贝尔奖。1905 年，诺贝尔化学奖提名三人——贝耶尔、莫瓦桑和门捷列夫。最后诺贝尔奖被授予了德国有机化学巨头贝耶尔，因为他对靛蓝、有机染料和芳香剂的研究做出了杰出贡献。然而，贝耶尔因生病无缘参加 1905 年的颁奖典礼，并于 1917 年去世，享年 82 岁[17]。

1906 年诺贝尔化学奖的竞赛在门捷列夫和莫瓦桑之间继续进行，即“元素周期表”和“氟单质的制取和电解炉”的竞争。起初，整个瑞典皇家评审委员会中只有一人同意莫瓦桑，而门捷列夫获得多数票。但支持莫瓦桑的委员会成员克拉森非常雄辩。他坚持：门捷列夫没有预测到惰性气体的发现，也没有在周期表中给它们预留相应的位置；门捷列夫的研究是基于增加原子量的元素的排序。康尼扎罗在第一次国际化学会议上解释了原子、分子、原子量和分子量的概念，所以两个人应该分享诺贝尔化学奖。然而，康尼扎罗当时没有被提名，所以门捷列夫不应该获得该奖项。他推荐莫瓦桑的评语是这样的：“莫瓦桑拥有比现代化学家更好的实验技能。”这个建议恰恰暗示了莫瓦桑的优点和门捷列夫的缺点。当时，实验科学的地位高于理论研究。在克拉森的坚持下，诺贝尔化学奖的评奖事务被上交至瑞典皇家科学院。1906 年 10 月 27 日，莫瓦桑获得 5 票，而门捷列夫获得 4 票，门捷列夫以 1 票之差败北。有人称这一天是瑞典皇家科学院的耻辱日。最后，法国化学家莫瓦桑因成功发明高毒性元素氟和电解炉而于1906年获得诺贝尔化学奖。

一位科学家曾说：“元素周期律无论是过去、现在还是将来，都是化学、物理学、地质学和其他科学领域成千上万个发明的指路明灯。”很明显，诺贝尔奖是不能用来衡量一位科学家对科学事业的贡献的。获奖的科学家固然名垂青史，但未获奖的科学家也为人类科学进步做出了杰出的贡献。门捷列夫的元素周期律以及达尔文的进化论和普朗克的量子理论，均被认为是科学史上最伟大的整合与归纳工作之一。

第八章　伟大的发明家和他们背后的资本家

“他一生中发明了2000多种东西，他拥有1000多项专利。”这是网上流传最广的对爱迪生的介绍，也是大多数人心中对爱迪生的印象。

如此惊人的数据，当然会有人质疑：这些东西全都是爱迪生一人发明创造的吗？答案显然不是，这2000多项发明必不可能都出自爱迪生本人之手。

我们都听说过爱迪生发明电灯的故事：伟大的爱迪生希望发明一种灯具来取代煤油灯，于是苦苦寻觅能通电发光的材料，但是效果都不理想。他尝试了6000多种材料，做了7000多次实验。最后，他发现某种灯丝材料可以持续发光45小时，电灯由此被成功发明出来，也印证了爱迪生的那句名言：“天才是99%的汗水加上1%的灵感。”

然而，这个故事存在两个值得质疑的地方。一方面，关于爱迪生被广为人知的一个故事是他未上完小学就退学了，之后是母亲南希在家教育爱迪生。我们无法知晓从爱迪生母亲的教育或者其他途径中，爱迪生是否获得了丰富的物理学知识。然而，如果没有坚实的物理学基础，发明电灯的这1%灵感来自哪里？后期的材料实验是如何进行下去的呢？另一方面，仅仅发明电灯这一件物品，爱迪生就经历了如此艰难的过程，如果爱迪生几十年的人生要发明千余种东西，在时间上还是略显紧迫的。

一、爱迪生有关电灯的想法是从英国人约瑟夫·斯旺那里获取的

约瑟夫·斯旺爵士是英国著名的化学家、物理学家和发明家。最初他在家乡药房担任学徒，后来成为一位教师，一直从事化学教学工作。然而，斯旺最感兴趣的研究是电和光之间的神秘联系。早在1848年，20岁的斯旺就开始研发电灯，并在灯丝材料的选择上取得了重大突破。在斯旺之前，一些发明者试图使用金属作为灯丝，比较常见的是使用铂丝。然而，铂丝的成本非常高，其熔点为1768摄氏度，会导致耐久性差，因此使用铂丝做灯丝并不是一个好的选择。斯旺试图用碳代替铂丝，但碳也有很明显的弱点——容易在空气中燃烧，需要与氧气隔离才能长时间工作。随后，斯旺的真空碳丝灯解决方案得以成功。这一年，爱迪生仅仅1岁。由于当时电灯的前端技术还不够成熟，用于供电的电池具有低电压性能，并且没有开发出真

空技术，因此斯旺的电灯不仅没有实用价值，而且性能较差。为此，他一直在改进他的发明并且持续研究了 12 年，却依然未能突破耐久性的“瓶颈”，于是在 1860 年，斯旺相关的实验工作被搁置。直到 1875 年，相关技术取得进步后，斯旺才又重新拾起最初的电灯研究，产生了制作碳丝白炽灯的想法。

那一年，爱迪生在去怀俄明州看日食的路途中从物理学家巴克口中了解到了斯旺的白炽灯。他觉得白炽灯必然会成为未来的照明设备，但当时的技术还不够成熟，因此必须加大研发力度，抓住机遇。所以，在白炽灯还未能得以应用的时候，他便成立了公司，并声称可以解决电灯的各种配套问题，因此吸引了众多投资者。

这迫使斯旺必须尽早把他未成熟的白炽灯放在台面上。1878 年，斯旺在纽卡斯尔向社会公开展示了他的白炽灯，但最令人担忧的事情发生了：灯丝由于电流过大而烧坏。好在这个问题在次年的重新展示中得到了解决，没有妨碍斯旺在英国申请碳丝真空玻璃白炽灯的专利。

1880 年底，斯旺的白炽灯在英国获得专利，成为英国第一个白炽灯专利。因此，当爱迪生的商业帝国进入英国市场时，他不得不为斯旺的专利许可付出高昂的代价。

这时，我们不禁要思考：电灯究竟是谁发明的?

是斯旺？还是推广使用电灯的第 23 个发明人爱迪生？抑或是其他更早制造出白炽灯的发明者？其实都不是，没有人真正发明了电灯，它只是人类科技发展史上必然的里程碑。

二、发明家背后的“资本家”，是爱迪生的隐藏，还是他人生的真相？

说到“资本家”爱迪生，就不得不提他与特斯拉的电流大战[18]。1884 年，28 岁的塞尔维亚人特斯拉前往曼哈顿城堡公园移民局，他手中拿着爱迪生的朋友巴克罗写的推荐信。爱迪生阅后把他送往俄勒冈州负责修理损坏的发电机，特斯拉用实力证明了自己的能力，开始为爱迪生的公司工作。

才华横溢的特斯拉经常向爱迪生提出一些关于发电机的修改建议，因此爱迪生承诺，如果特斯拉完成对马达和发电机的改造，将给予他 5 万美元的奖励。特斯拉花费半年多时间研究并发明了一种更好的直流发电机。然而，当特斯拉向爱迪生要求奖赏时，爱迪生说：“你好像不懂美国人的幽默。”随后，特拉斯在与爱迪生交流有关交流电的应用时，爱迪生不但极度不认同，而且对他的想法嗤之以鼻，再加上特斯拉要求加薪的要求也被爱迪生拒绝，特斯拉一气之下便辞了职。

1886 年，特斯拉成立了自己的公司，负责安装他设计的弧光照明系统和发电机电力系统整流器，这也成了特斯拉的第一项专利。虽然特斯拉精于发明创造，但并不擅长公司的经营。幸运的是，豪斯慧眼识珠，在 1888 年购买了特斯拉的交流电专利，并成为特斯拉的朋友，他在后来的电流大战中起到了举足轻重的作用。

1888 年，电流大战正式开始。爱迪生拥有一个庞大的实验室，他希望以非常可怕的方式证明交流电的危险。每到星期六，爱迪生都会组织一个派对，邀请记者和当地居民前来观看，他将那些从街上捕获的流浪狗和猫放在金属板上，然后连接 1000 伏交流发电机。爱迪生说："特斯拉正在制造一些新产品，但需要进行大量实验才能确保安全运行。"爱迪生的亲信——布朗先生也进行了类似的操作，但他的实验对象要大得多，大多数为小牛和大狗，为了更好地证明交流电的致命危险性。布朗说："这就是你们想要自己的娇妻用来做饭的发明吗?"言下之意，显露无遗。

爱迪生和布朗还有一个更可怕的想法，那就是利用他们在纽约的关系获得特斯拉的三项专利证书以谋划他们的最新计划。布朗去到世界有名的囚犯监狱——新新监狱，并用钱贿赂监狱的领导人。不久，监狱当局宣布用电来执行死刑，而使用的电正是豪斯和特斯拉的公司所产的交流电。

当历史上第一个接受电椅的罪犯被行刑时，开机那一刻，囚犯身后散发出淡蓝色的火焰，当大家默默地哀悼时，惊人的一幕出现了，囚犯没有死，只是奄奄一息。事后，爱迪生买通记者，第二天，交流电的残忍性就出现在纽约主要报纸的头版。

爱迪生还试图收买纽约州首府的一名议员，以便通过一项法案，将电流限制在不超过 800 伏的电压。这无疑将限制交流电的发展。但是这些困难都被豪斯一一化解，而特斯拉则在幕后保持精力，继续自己的发明创造。1893 年，交流电以绝对优势压倒了直流电。而有趣之处在于，爱迪生所推崇的直流电，也是经过特斯拉之手改造的。

作为一个资本家，爱迪生是非常有商业头脑的[19]。1870 年，爱迪生以 4 万美元的价格将普用印刷机专利卖给了华尔街的一家公司。收到 4 万美元后，他在新泽西州瓦克沃德街建立了一家工厂，生产各种电机。1874 年 12 月，爱迪生团队同步发报机的研究工作接近尾声，西方联合公司答应付给爱迪生 5000 美元，并出价 2. 5 万美元购其专利，每天还付给他 233 美元，作为使用这种设备的每条线路费用，但是西方联合公司未能践约，最终杰伊 · 古尔德以 3 万美元收购了同步发报机的专利，使爱迪生渡过了难关。1876 年初，爱迪生一家搬到了新泽西州的门罗公园，在那里他建立了一个实验室，招募人才并开始了更广泛的研究发明。

爱迪生在 1878 年创立了爱迪生电灯公司。1892 年，爱迪生电灯公司和汤姆森—休斯顿电气公司合并，成立了现在鼎鼎有名的通用电气公司（GE）。

如今通用电气公司已发展成为多元化的优秀跨国公司，在全球 100 多个国家开展业务，员工人数超过 30 万人。在 2017 年 6 月 7 日发布的 2017 年财富 500 强排行榜中，通用汽车排第 13 位。2017 年 6 月，“最具价值全球品牌 2017”宣布，通用电气排第 19 位。

无所谓隐藏，也无所谓真相。不可否认，爱迪生是一位成功的发明家，更是一位经营的好手。作为发明家的爱迪生虽然早已被人熟知，但其中不乏一些夸大其词的错误。无论如何，作为资本家的爱迪生，可以说取得了极大成功。爱迪生这样一个传奇人物，对世界的贡献是巨大的，值得我们去铭记。

第九章　“镭”的母亲

玛丽·居里在世界科学史上是一个不朽的名字，人称“居里夫人”。她是法国著名的波兰裔物理学家和化学家，也是全世界公众心目中成功的女性科学家的典范。

居里夫人是世界上第一位两次获得诺贝尔奖的人，也是唯一获此成就和殊荣的女性科学家。1903 年，居里夫人因为对放射性的研究而获得诺贝尔物理学奖；1911 年，她又因发现元素钋和镭以及在镭的应用方面的杰出贡献而再次获得诺贝尔化学奖。居里夫人将她发现的放射性同位素应用于医学，开创了放射性治疗的先河。爱因斯坦曾评价居里夫人：“在所有的世界名人当中，玛丽·居里是唯一没有被盛名宠坏的人。”法国巴黎科学院院长晓发尔说：“玛丽·居里，您是一个伟大的学者，一个竭诚献身工作和为科学牺牲的伟大妇女，一个无论在战争中还是在和平中始终为分外的责任而工作的爱国者，我们向您致敬。您在这里，我们可以从您那儿得到精神上的益处，我们感谢您；

有您在我们中间，我们感到自豪。您是第一个进入科学院的法国妇女，也是当之无愧。”居里夫人除了举世瞩目的科学成就和耳熟能详的生平事迹，也有着不为大众所知晓的其他故事。

居里夫人 1867 年出生于波兰华沙，当时的波兰处于俄国统治之下，社会环境动荡不安，因此居里夫人的生长环境较为压抑。正是这样的社会背景，很多关于居里夫人童年生活的记载写道：居里夫人的童年生活是不幸的，她出生在波兰一个普通的中学教师家庭，是家里最小的孩子。居里夫人 7 岁时，她最年长的姐姐死于斑疹伤寒，10 岁时，她的母亲又因为肺结核去世。居里夫人的童年经历了家道中落和贫困潦倒，因此造就了她独立生活的能力和坚忍不拔的性格。

但事实上，居里夫人作为一名才能与人格兼备的杰出女性，知识分子的家庭环境为她日后成为举世闻名的科学家奠定了坚实基础。居里夫人的父母是波兰的低层贵族，波兰被俄国占领统治后，这个阶层逐渐丧失了往日的土地和财富，但他们仍然保持着对文化学习的热忱。居里夫人的父亲乌拉狄斯拉夫・斯可罗多夫斯卡是一位文艺复兴人，曾在圣彼得堡大学攻读过物理学和数学，并且精通俄、法、德、英四种外语，后来回到华沙的一所中学做教师，主要教授数学和物理，同时兼任学校的副督学。她的母亲布罗尼斯洛娃由于出身于贵族家庭，擅长钢琴，聪明温柔且端庄优雅，毕业后任职于华沙最好的一所寄宿制中学女校，最后升任为校长。因此幼年时期的居里夫人生活在一个崇尚知识和文化的环境中，父母注重对孩子的教育，忽视世俗的享乐，这对居里夫人的品质养成和后来居里夫人对子女的教育观念有着深远的影响[20]。

居里夫人 4 岁时，母亲得了肺结核，后来，母亲远离城市生活前往山林等温和的环境中疗养多年，父亲便担负起教育孩子的责任，父亲对科学知识如饥似渴的精神和强烈的事业心深深地感染着居里夫人。同时居里夫人也对父亲实验室中的各种仪器和自然科学方面的书籍充满兴趣。因此凭借对学习的热情和坚持不懈的努力，居里夫人的成绩一直名列前茅，并以金奖章的成绩毕业。她非常渴望到大学里深造，到科学世界中探索。

因此，居里夫人的童年和青年时期，并非像绝大多数资料描述的那般清贫和不幸，相反，优良的家庭教育环境赋予了她良好的修养、热烈的求知欲望和强烈的民族责任感。正如居里夫人在回忆自己的童年生活时所说：“愿你们每天都愉快地过着生活，不要等到日子过去了才找出它们的可爱之点，也不要把所有特别合意的希望都放在未来。”

居里夫人的丈夫名叫皮埃尔・居里，也是一位著名的物理学家。皮埃尔・居里的家庭环境相对优越，父亲是一名医生也是一位博士，父亲发现幼年皮埃尔・居里的聪明才智后，认为学校的常规教育和训练无法满足皮埃尔的需要，就将他留在家里，自己亲自培养，又请了一位知识渊博的家庭教师来教导皮埃尔，这种教育方式促成了皮埃尔日后的科学成就。在笔者看来，这也说明居里夫人婚后的生活条件并不像外界渲染的那般贫困。居里夫人的年薪达到 4 万法郎，并且一生中获得的奖金、奖章以及名誉非常多，所以居里夫人为生计所困的说法十分不准确。

居里夫人在中国的声名几乎可与牛顿、爱因斯坦等相提并论，这很大程度上要归功于居里夫人的各类传记。大多数传记书籍以居里夫人为中心，她的丈夫、女儿、女婿等居里家族成员在传记中往往都只是作为附属而存在。美国作家丹尼斯・布莱恩所著的《居里一家：一部科学史上最具争议家族的传记》全面描述了居里家族各个成员的“传奇性”。居里夫人和丈夫皮埃尔・居里及亨利・贝克勒共同获得了诺贝尔物理学奖，皮埃尔・居里是物理学中居里定律的发现者；居里夫人又获得过诺贝尔化学奖；居里夫人的大女儿伊雷娜・居里与其夫约里奥・居里合作，于 1932 年发现一种穿透性很强的辐射，后确定为中子，两人又于 1934 年发现人工放射性物质，并对裂变现象进行研究，1935 年，夫妻共同获得诺贝尔化学奖；居里夫人的小女儿艾芙・居里是优秀的音乐教育家和人物传记作家，丈夫亨利・拉布伊斯曾以联合国儿童基金组织总干事的身份荣获 1956 年诺贝尔和平奖。

在当时的男权社会中，居里夫人的科研工作并没得到应有的尊重。1903 年，诺贝尔物理学奖共有 4 位当时著名的科学家获得提名，一开始并没有玛丽・居里的名字，排在第 1 位的是法国知名物理学家贝克勒尔，他在1896年首次发现了天然放射性。虽然贝克勒尔对放射性的发现功不可没，但他之后并没有做出有重大意义的研究和理论成果。皮埃尔·居里被外界称为“贝克勒尔的助手”，而玛丽·居里被称为“皮埃尔·居里的助手”。但事实上，对于放射性的概念和理论，玛丽·居里才是真正的开创者，皮埃尔是后来才对居里夫人的系统性研究产生兴趣。1898年，皮埃尔决定放弃对晶体的研究工作，加入居里夫人的行列。然而在当时的社会背景下，很多科学家很难相信一位女性有能力从事这种原创性研究。最终因为皮埃尔的坚持，居里夫人的名字出现在了提名名单上。据说贝克勒尔曾这样说过：“居里夫人的贡献是充当了皮埃尔·居里先生的好助手，这有理由让我们相信，上帝造出的女人，是配合男人的最好助手。”甚至在领取诺贝尔奖的时候，居里夫人也被拒绝上台做报告，只有居里先生，作为一个男人，才容许上台讲演。作为一名女性，居里夫人纵有卓著功勋仍被刻意抹杀。

居里夫人虽有着令人叹服的学术成就和崇高的科学精神，但她也曾因一段桃色绯闻而深陷舆论泥沼，性命与学术生涯险些双双终止。

1906年4月19日，居里夫人的丈夫皮埃尔被运货马车撞击后意外身亡，这对居里夫人造成沉重的打击。居里夫人因此度过了一生中最黑暗的日子，她陷入悲剧的阴影里不能自拔。这时，保罗·朗之万作为居里夫妇的挚友，想方设法让居里夫人重新振作。朗之万是法国著名物理学家，他的数学造诣令不少数学家为之叹服，并在理论物理、实验物理和技术物理领域做出了巨大贡献，被公认为世界第一流科学家。然而，朗之万却被婚姻问题困扰，他的妻子珍妮是一个陶瓷工人的女儿，世故、暴躁且粗鲁。对珍妮来说，朗之万的工作既枯燥又不可理解，只有去高薪的企业任职才能满足她的期盼，两人价值观的巨大差异使他们的婚姻名存实亡。

朗之万在居里夫人的教学、实验等方面扮演了重要角色。随着时间的流逝，居里夫人发现朗之万富有同情心，是一个心有灵犀的伙伴，不管是在科学研究上还是感情寄托上居里夫人都对他产生了依赖之情。同时，居里夫人也同情朗之万不幸福的婚姻，于是居里夫人和朗之万建立了一种超出科研合作范畴的关系，不知不觉地，他们陷入爱情之中。但朗之万是有妇之夫，这让居里夫人和朗之万之间的感情不得不有所顾忌。后来，朗之万在巴黎大学附近租下了一间小公寓，这间公寓成为他和居里夫人的幽会之所。但纸终究包不住火，朗之万的妻子珍妮授意自己的哥哥设法进入朗之万的实验室，撬开了他的抽屉，截获了居里夫人写给朗之万的所有信件，并在不久之后公布给媒体，从而使他们的绯闻演变成为公众事件[21]。

居里夫人的自尊心受到了极大的伤害，处境也显得愈加艰难。除了舆论激起了一些公众的不满，她的住所也不断遭到袭击，甚至还有很多曾经的朋友要求居里夫人离开法国，连法国内阁会议也讨论过驱逐居里夫人的事宜。显然，44 岁的居里夫人陷入了身败名裂的人生低谷，就连去斯德哥尔摩参加获颁诺贝尔化学奖的殊荣也差点泡汤。此后，朗之万与妻子达成协议：珍妮永不再起诉居里夫人，作为条件，朗之万不再坚持离婚。居里夫人和朗之万的这一段惊世之恋，就这样在“暴风骤雨”中破灭了。将近三年的时间里，居里夫人的精神处在一种崩溃状态中，于是她住进一所由修女开办的医院，以求得到身体与心理的双重治疗。

值得一提的是，朗之万并没有受到和居里夫人同等的遭遇。在当时的男权社会环境里，对于男性发生婚外情，人们往往具有很高的包容度，认为这只不过是“男人本色”，但是女性却是不被允许的，会被认为是严重的道德和忠贞问题。实际上对于科学家，人们更看重的应该是他的科学奉献，而不应该对他的个人生活指手画脚。

金无足赤，人无完人。正是因为美玉微瑕，才能显现出科学家身为普通人的一种饱满感和真实感。正如居里夫人所说：“在科学上，我们应该注意事，不应该注意人。”我们为居里夫人的创造精神和奉献情怀而感动，为她的科研成果和学术贡献而骄傲。正是由于科学家的百态人生，科学史才会变得如此多彩。

第十章　爱因斯坦异乎寻常的大脑

如果我不提出狭义相对论，五年后就有人提出来。但是如果我不提出广义相对论，五十年后也不会有人提出来。

——阿尔伯特·爱因斯坦

一、爱因斯坦厉害到什么程度？

为什么会有这样的问题出现？因为爱因斯坦对于普通民众来说，只是一个概念。但人们为什么不问牛顿厉不厉害，拉格朗日厉不厉害，因为高考要考牛顿的三大定律、拉格朗日中值定理等。这些都是真正体现在考试成绩上的，所以大家都认识他们。但是高考不考广义相对论和狭义相对论。因此，爱因斯坦这位伟大的科学家，虽然很多中国人都知道，觉得相对论很伟大，而相对论究竟是怎么回事，其实很少有人说得明白。

朗之万曾说过，世界上能够理解相对论的人不超过 12 个。既然不懂相对论，那为什么中国还有那么多人知道爱因斯坦？

其主要原因在于他诺贝尔奖得主的身份。有一次，爱因斯坦到日本去演讲，途经新加坡到香港，又在上海短暂停留，在上海码头欢迎他的人都是各国驻上海的领事，其中就有瑞典驻上海的领事，他在迎接爱因斯坦的时候，送上了一份礼物，说“您久久盼望的诺贝尔物理学奖，终于颁发给您了”。而爱因斯坦正是在这个场景下，得知自己得奖的[22]。

二、爱因斯坦之“真假司机”

关于爱因斯坦的故事有很多，例如真假司机的故事。出名之后的爱因斯坦几乎每天都忙于应付不计其数的大学演讲，搞得他疲惫不堪，于是他每次到大学去演讲都由专职司机理查开车送他，在爱因斯坦演讲时，理查就在台下听演讲，先后当了30多次听众，而且每次都是聚精会神，从头听到尾。理查是位风趣的美国人，有一次，他向疲于奔命的爱因斯坦提议：“您实在太辛苦了，也必然讲烦了，您的演讲资料我能够背下来，下次演讲时我穿着您的衣服，由我来代您演讲直到被发现为止，可以吗?”“妙啊，反正那里认得我的人也不多。”同样富于幽默感的爱因斯坦回答道。在之后的那场演讲中，身穿爱因斯坦衣服的理查对相对论的解说没有任何差错，他把爱因斯坦的表情和动作模仿得惟妙惟肖。爱因斯坦则打扮成司机，不仅开车送理查来演讲，而且坐在台下认真听讲。然而在一次演讲结束后，理查准备下台时，一件意料不到的事情发生了。一位教授模样的先生站起来，像发连珠炮似的提出许多问题。真的爱因斯坦静坐在会场的角落，心中甚是吃惊，但表情上装作若无其事。假的爱因斯坦则从容地对那位教授说："你的这些问题很简单，连我的司机都能回答……喂，理查，你上来帮我做些说明吧！"于是，真正的爱因斯坦这时走上讲台，流利地对问题进行了解答。

三、爱因斯坦吐舌头是开心吗？

想来大家都看过爱因斯坦吐舌头的照片，一介科学大牛吐舌头的俏皮形象与其严谨的科学家形象形成了巨大的反差。乍一看图片，人们还以为这是爱因斯坦开心极了才给大家的"粉丝福利"。

其实不然。

拍下这张照片的是国际合众社的记者亚瑟·萨斯。72 岁的爱因斯坦在生日宴会后被记者围住了车子并要求其"笑一个"，但当时的爱因斯坦深受病魔摧残，面对记者们这样的要求，疲惫不堪的爱因斯坦实在笑不出来，无奈之下便吐了个舌头以示回应。

老爷子估计没想到自己的这番随性之举，竟诞生了自己的代表性照片。爱因斯坦本人也表达了对这张照片的喜爱，并对这张照片进行了签名，据说这张签名照后来被拍卖出 2 万美元的高价[23]。

当然这些故事版本众多，孰真孰假无从辩驳，也只能作为茶余饭后的谈资，供大家开心一刻罢了。但是真实的爱因斯坦是什么样子的，趣味和神话背后的他又有着怎么样的故事呢？

四、爱因斯坦是天生就如此聪明吗？

不得不说，爱因斯坦自身的资质很优秀。1879 年 3 月 14 日爱因斯坦出生于德国乌尔姆市，他的父母都是犹太人。

直到现在，还存在许多流言，说爱因斯坦小时候非常笨，学习总是不及格，仅仅数学方面较为突出。事实上，爱因斯坦在 3 岁时只是语言系统发展比较迟缓。大概这个世界太需要励志、逆袭的故事了，才使得“爱因斯坦小时候有智力缺陷，并不聪慧，通过努力才有所成就”这个伪命题得以被大肆传播。

一个智商 200 的人对知识的领悟能力是十分可怕的，他曾经以第 2 名的优异成绩从初中顺利毕业，所以爱因斯坦的聪明与天赋是不可分割的。

五、爱因斯坦的大脑“保管员”

1955 年 4 月 18 日 1 时 25 分，爱因斯坦于美国新泽西州普林斯顿大学医院去世，终年 76 岁。作家帕德尼对当时的情景如此描述：“爱因斯坦去世的消息顷刻间震惊了全世界，安静的小镇顿时挤满了记者和科学界名人，就像是一位先知的去世。场面看起来有点疯狂。”

爱因斯坦生前立有遗嘱，要求把他的骨灰撒在不为人知的地方，不发讣告、不建坟墓、不立纪念碑。时任普林斯顿大学病理科主任的托马斯·哈维，虽然和爱因斯坦只有一面之缘，却有幸成为爱因斯坦的验尸医生。他突发奇想：我为什么不将爱因斯坦的大脑“偷走”，探究一下这位科学家的大脑与常人有什么不一样的地方？于是，他私下和爱因斯坦的长子汉斯秘密协商，达成了一项不为人知的协定：取出爱因斯坦的大脑，以供自我科学研究之用。汉斯的条件则是：哈维研究的结果不得用于牟取私利，且务必发表在科学期刊上。

在爱因斯坦遗嘱执行人奥托·内森的监视下，哈维按照程序解剖了爱因斯坦的遗体，并逐一检查器官，将它们称重并描述器官外观，最后对外宣布：爱因斯坦的死因为“大动脉瘤破裂”。不久，爱因斯坦的遗体被火化。

然而，在爱因斯坦遗体被火化前，哈维并没有将爱因斯坦的大脑放回到头颅内，而是放到了一个装满甲醛的容器中偷偷带走。

在如愿以偿“偷走”了爱因斯坦的大脑后，哈维立即辞掉了工作，开始潜心研究这位大科学家与众不同的天赋，以期揭开其中的奥秘。

天下没有不透风的墙。哈维“偷走”爱因斯坦大脑的事不久就被泄露，舆论顿时一片哗然，纷纷对他予以谴责。哈维却对自我的行为极力辩解：“爱因斯坦是世界上最伟大的天才，如果把他的大脑和遗体一起烧掉，我会抱憾终生，我认为我不能那样做。”

爱因斯坦的长子汉斯见事情败露，严厉警告哈维不得违背诺言。为了兑现对汉斯的承诺，也为了方便研究，哈维带着爱因斯坦的大脑去了费城，请一位科学家朋友将大脑切成 240 片，保存在福尔马林溶液中，此后他不管走到哪里，总是将装有组织切片的箱子随身携带。哈维后来回忆说：“在切下爱因斯坦的大脑后，我先在脑动脉中注入防腐剂，又从各个角度拍了很多照片存真，还请一位画家做了素描，并将脑子每一块位置都贴上了有详细记录的卷标。”

在此后的 10 年间，哈维的研究没有取得任何成果。于是，他决定借助外力。1989 年，他给加拿大汉米尔顿麦克马斯特大学的维特森博士发去一份传真，问她是否愿意接手这项研究。在得到肯定答复后，哈维亲自驾车前往加拿大，亲手将爱因斯坦的脑组织切片交到维特森手中。虽然维特森只得到了爱因斯坦大脑的顶叶组织切片，以及哈维在切开大脑之前拍摄的照片与记录，但经过认真研究，她于 1999 年在著名国际学术期刊《柳叶刀》发表了题为《阿尔伯特 · 爱因斯坦异乎寻常的大脑》的论文。文中对爱因斯坦大脑的整体形态做出了分析：爱因斯坦大脑左右半球的顶下叶区域异常发达，比普通人的平均厚度多出 1 厘米，因此爱因斯坦的大脑宽度超过普通人 15% 左右，使得他位于大脑后上部的顶下叶区在视觉空间认知、数学思维和运动想象力方面的发挥上，构成了独特的思维方式；他大脑的另一显著特征是缺少常人大脑中的一种皱沟，而正是因为缺少这一皱沟，位于顶下叶区的神经元间更容易建立联系，因而他的思维更为活跃。

哈维虽然没有取得研究成果，但他要帮爱因斯坦实现一个愿望。那还是在爱因斯坦生病时，曾向哈维提出想做一次横贯美国东西之旅的愿望。1997 年 10 月，在作家帕特尼达的陪同下，哈维驾车带着爱因斯坦的脑切片从东向西，由新泽西州一路开到了加利福尼亚州，全程超过 4000 公里，最终完成了爱因斯坦的遗愿。

在此期间，美国联邦调查局为了防止爱因斯坦的大脑在旅途中出现意外，秘密派特工全程跟踪保护。哈维从东到西走了 4000 多公里，联邦调查局特工便跟踪了 4000 多公里。

当得知自己被跟踪后，哈维惊出一身冷汗，他感到从未有过的疲惫。思索再三，他决定放弃爱因斯坦大脑“保管员”的角色。1998 年，哈维在 85 岁时，将爱因斯坦大脑转交给了普林斯顿大学医院保管。那一刻，哈维如释重负地说：“我终于卸下扛了整整 43 年的重负，它（爱因斯坦的大脑）已经和我没有任何关系了。不管外界对我怎样评价，此刻我已经不在乎了，我坚信我当初的决定是正确的。虽然如此，我还是要说，虽然我曾拥有世界上最伟大科学家的大脑，但它带来的巨大职责感让我浑身疲惫。此刻好了，这一切都结束了。”[24]

维特森博士曾这样评价哈维："他是一位睿智的学者，是一个十分称职的保管员，而且总是在为它（爱因斯坦的大脑）寻找最好、最知名的研究人员。仅凭这一点，哈维博士就是值得称道的。"

第十一章　计算机科学与人工智能之父

艾伦·麦席森·图灵是英国数学家、逻辑学家，英国皇家学会会员，也是计算机逻辑的奠基者，提出了“图灵机模型”和图灵测试，在国际上被视为“计算机科学与人工智能之父”。图灵在本该拥有奔流不息的思维源泉的年纪不幸离世，年仅 41 岁，一代科学巨星陨落。为了纪念图灵对计算机科学发展的巨大贡献，美国计算机协会（ACM）于 1966 年设立图灵奖，每年评比一次，用来表彰在计算机领域中做出杰出贡献的人，图灵奖也被誉为“计算机界的诺贝尔奖”。

图灵的一生极具传奇色彩。他从小就表现出超乎常人的天才气质，尤其是在数学方面，表现出非同寻常的理解力和学习力，在中学时期他就获得了国王爱德华六世设立的数学金盾奖章。事实上，他对物理学、化学、生物学等自然学科都有所涉猎。1931 年 10 月，图灵进入剑桥大学国王学院，后来凭借《高斯误差函数》这篇论文由一名大学生直接当选为国王学院的研究员，并荣获英国著名的史密斯数学奖，成为国王学院最声名显赫的毕业生之一。1937 年，图灵在《伦敦数学会文集》第 42 期发表了成名作《论数字计算在决断难题中的应用》，并在附录部分描述了一种可以辅助进行数学研究的机器，即“图灵机”。同年，图灵发表论文，在“丘奇论点”的基础上，扩展形成“丘奇—图灵论点”，这对计算理论的严格化、计算机科学的形成和发展具有奠基性的意义[25]。

“二战”期间，图灵的命运与反法西斯胜利紧紧捆绑在一起，作为剑桥大学最年轻的数学家，他被邀请到英国外交部通信处负责德军密码的破译工作，因此他不得不中断关于数量逻辑和计算理论的研究，暂停计算机的研制工作。后来，图灵成功破译了德国名为“谜机”（Enigma）的密码设备，截获了很多德国的军事行动计划。随着破译工作的开展，图灵还参加了世界上最早的电子计算机的研制工作，获得极大的成就。因此，图灵获得了英国皇室为国家和人民做出巨大贡献者授予的最高荣誉勋章“不列颠帝国勋章”。英国首相卡梅伦曾表示，图灵在破解“二战”德军密码上发挥了关键作用，挽救了整个国家，是一个“了不起的人”。

“二战”结束后，图灵重新回归计算机理论科学的研究。1945 年，图灵谢绝剑桥大学的邀请加入了国家物理研究所，开始了自动计算机的逻辑设计和研制工作。1950 年，自动计算机样机试制成功。同年，图灵在数理逻辑方面提出了“图灵测试”，并一直沿用至今。1950 年 10 月，图灵发表了论文《计算机和智能》，提出人工智能的概念。后来图灵又发表论文《机器能思考吗》，引起了广泛关注并产生了深远影响。受当时计算机技术的限制，人工智能遭到了多学科的抨击，但计算机领域的快速发展逐渐证明了图灵预见的正确性[26]。

图灵的私人生活与他的学术成就一样精彩，足够独特。当时在世人眼里，他太过怪异，太过与众不同。在讲求绅士风度的剑桥大学，他衣着随便，甚至邋遢；由于对花粉过敏，所以每年 6 月前后，他都戴着防毒面具，骑着自行车，在校园中招摇过市，毫不在意别人的眼光；图灵在体育方面也很突出，尤其善于长跑，最好成绩可以与马拉松获奖运动员相媲美。

图灵最动人的品质是他极致真实的生活态度，能够活出自我。他从未刻意隐藏自己的同性恋身份，让世俗传统限制自己的感情生活。图灵一直在大学中工作，生活中的朋友大多也是科学家，因此图灵一生都处于思想观念开放自由的环境里。当图灵表达自己的性取向或评论某位男性时，他的同事和朋友几乎都可以接受和理解，并不会大肆宣扬。直到 1952 年，图灵结识了 19 岁的无业游民默里，二人相处一个多月后，图灵发现家里失窃，于是报了警。正因为这件事情，警方在调查中发现图灵和默里之间的同性恋关系，根据当时的英国法律，这种行为属于犯罪行为，是为当时社会所不容的。因此，图灵被逮捕并审讯。警方在调查图灵的同性恋倾向时，要求他写一份材料交代

"犯罪事实"。图灵单纯地认为自己并没有犯任何错误，他最后交出一份5页纸的优美散文，用流畅的文笔细致描写了他"作案"的全部过程和细节，这让警察感到很诧异和震惊，"他是一个真正的异端……他真的相信他的行为无罪"。图灵不理解同性交往会给他带来伤害，并且他认为国家无权干涉其私生活。后来，图灵被判有罪，需要受刑或受化学阉割（接受治疗，定期注射雌性荷尔蒙），最终图灵选择了后者。但他对判决的态度是：接受，但绝不忏悔。图灵因此受到巨大的打击，一度郁郁寡欢。

在治疗期结束后，英国曼彻斯特大学并不在乎图灵的同性恋身份，与之继续签订了5年的教授合约，图灵的生活转而回到正轨。在审判之后，一切大白于天下，图灵更为坦荡，社交也变得更为有趣和合群。图灵在与挚友琳·纽曼的书信来往中写道："《战争与和平》让他重新认识了自己，以及他面临的问题。在书里，托尔斯泰写道：无论'自由意志'的说法多么不合理，但如果'没有这个概念，人们不但无法理解生命，而且片刻都不能生存。生命会变得无法忍受，因为人类一切的渴望和趣味，完全是建立在自由之上的……如果一个人没有自由，那就和没有生命是一样的'。"

令人叹息的是，1954年，在图灵极富创造力的黄金年龄，这位科学大家的生命钟却停摆了。6月8日早晨，图灵的女仆发现他已经死亡，咬过几口的苹果就放在床边的桌子上。图灵死亡的原因至今仍是未解之谜，主要有两种说法：第一种是图灵的母亲认为图灵从小有咬指甲的习惯，由于长期进行化学实验而没有常洗手造成慢性中毒；第二种是法医验尸的结论，图灵是服用氰化物自杀的，因为苹果浸入了氰化物，房间里还有一个装满氰化钾的果酱罐子。图灵之死到底是自杀还是他杀，一直众说纷纭。不过，人们更愿意相信图灵是因为心理原因自杀。

在当时的英国，图灵因同性恋身份的公开而为社会所不容，在工作和生活中受到不公平的待遇，甚至被排斥在所有与计算机相关的开发工作之外。接受“化学阉割”带来的严重副作用使他的性别特征和身体发生变化，加上遭受歧视和嘲笑，所以长期生活在巨大的社会责难和心理压力的情况下，他选择自杀可能是一种解脱。不过这种结果实在令人惋惜。

电影《模仿游戏》是由安德鲁·霍奇斯编著的《艾伦·图灵传》改编而成的，主要展示的是图灵的三段人生：学生时代、“二战”期间的解密时代以及战后生活。电影重点聚焦于图灵在“二战”时期破译纳粹德国密码，极度弱化了图灵的同性恋情节，突出了图灵与同事琼·克拉克之间的微妙感情，增添了很多浪漫色彩。这部影片展示了图灵内心深处对真爱无法割舍的情感寄托，即使在战争年代和无知、保守时代，也流露出个人的人格魅力。

事实上，图灵的名字在很长一段时间是被遗忘的，因为图灵这个名字与羞耻联系在一起，直至 2009 年 8 月英国计算机科学家格雷厄姆－卡明（John Graham－Cumming）发起“在线请愿”，要求政府为图灵平反。图灵对现代世界有着难以想象的影响力，而同性恋偏见对他的影响却是如此可怕。在数万民众的联名请愿下，英国首相戈登·布朗正式代表英国政府，为当年对图灵的不当处置而公开道歉并称道：“成千上万的人走到一起要求为艾伦·麦席林·图灵寻求正义，要求承认对待他的方式是骇人听闻的。虽然图灵的审判是根据当时的法律，但我们不能让时光倒流，他的遭遇当然是完全不公正的，我很高兴有机会能为他身上所发生的一切不公表达深深的歉意。图灵和其他被定罪的同性恋者，因为同性恋法律而被判有罪是令人恐怖的。多年来，有数以百万计的人生活在有罪的恐惧当中。我感到高兴的是，那样的日子已经一去不复返了……我代表英国政府和所有自由生活的人感谢图灵的工作，我很高兴地说：我们错了，对不起，您本应该得到更多奖赏。”

苹果公司 Logo 的设计灵感是不是来自图灵去世前吃的“毒苹果”呢？虽然该图案的设计师和苹果公司都对这一说法予以否认，但众说纷纭。也许人们更愿意相信其中蕴含着纪念“计算机之父”图灵的意味吧。

图灵的一生如璀璨的烟花，在计算机科学和人工智能的卓越贡献中散发出辉煌耀眼的光芒。但他太过独特、真实，也导致他最终走向人生悲剧的顶点。

第十二章　邓稼先与杨振宁的友谊

笔者曾有幸见过杨振宁先生两次，第一次是在 1991 年前后，那年他 70 周岁，国内 8 所大学隆重庆祝了他的生日，包括科普报告、生日庆典和学术活动等。笔者作为一个后生，在中国科学技术大学水上报告厅抢到了一个座位，并为此欣喜不已，毕竟，很多人是站在过道里听完报告的。当时的科普报告是由复旦大学校长谷超豪博士主持的，谷超豪博士介绍了杨振宁先生的学术成就，并讲到杨先生的三大学术成就分别为宇称不守恒定律、“杨—米尔斯”场和“费米—杨”理论。第二次见到杨振宁先生则是在中国首届中学校长论坛上，他作为特邀嘉宾出席。杨先生主要介绍了美国的中学情况，没有准备讲稿，纯粹是临时性发言。但他的发言自成体系，组织有条不紊，论点和论据明确且吐字清晰，可谓中国科技界的第一大讲演家。杨振宁先生和邓稼先先生长达半个世纪的友谊也是非常值得陈说的。

邓稼先，1924 年 6 月 25 日出生于安徽省怀宁县白麟畈“铁观山房”，当时正是南方农村的夏季，邓稼先的父亲触景生情，想起了朱熹的名句“禾之秀实，而在野曰稼”，他反复琢磨，觉得“稼”这个字非常好，谐音是“家”，将在家里出生的意义也表达了出来，一语双关。邓稼先出世后不久，便随父母去了北平。在很小的时候，他每天都去父亲的书房背诵古代诗词。等到他在上小学放学后，还会去私塾学习《诗经》等古代经典。

作为“两弹一星功勋奖”的获奖者和一名核物理学家，邓稼先与美籍华裔物理学家、诺贝尔奖获得者杨振宁有着长达半个世纪的友谊。1922 年，杨振宁出生于安徽省肥西县，比邓稼先大两岁。杨振宁的父亲杨武之从美国留学回国后在北京清华大学任教。邓稼先的父亲邓以蛰也曾在日本、美国留学。邓以蛰和杨武之曾经是同事，他们的友谊也延续到了他们的孩子身上[27]。

20 世纪中叶，邓以蛰带着妻子和孩子到北京定居。邓稼先在崇德中学读书，杨振宁也在同一所学校读书。杨振宁的学业成绩是班上最好的，为此邓稼先很佩服他，杨振宁也常以大哥的身份关照邓稼先。受杨振宁影响，邓稼先在物理和数学课程方面的才能得到了体现。杨振宁聪明好学，同学们称他为“小机灵鬼”。邓稼先忠厚老实，绰号“邓老憨”。下课以后，杨振宁与邓稼先几乎形影不离。这两位志同道合的校友及老乡自青年时代就树立了崇高的理想：将来事业有成，定报效祖国！

抗日战争爆发后，杨武之一大家子与学校一起前往西南后方。1940 年，不愿臣服于日军的邓稼先和他的大姐从天津取道香港，再从香港前往昆明，随后大姐把邓稼先送到四川江津的四叔家居住。第二年夏天，邓稼先考取国立西南联合大学并就读于物理系。此时的杨振宁已是西南联合大学三年级的学生。在学校，两人经常一起学习和交流，邓稼先经常受到杨振宁在数学和物理方面的具体指导。

杨振宁一共两次救过邓稼先的命，在西南联合大学期间便是第一次。那是 1941 年的秋天。当时，杨振宁和邓稼先是西南联合大学物理系四年级和一年级的学生，西南联合大学所在的云南昆明虽然处于抗日战争的后方基地，但它仍然经常被日本的轰炸机袭击。因此，学生和昆明市民经常需要躲避日机的轰炸。然而，有时关于敌机攻击的警告是不准确的，导致部分人的精神防范意识变得松懈，看起书来常入迷的邓稼先就是其中之一。有一次，警报拉响了，邓稼先坐在学校门口附近的长木凳上看书看得太入迷，杨振宁跑进防空洞后，找了一遍没发现邓稼先，便赶紧跑出来找他，把他拖进了防空洞。仅仅过了半小时，邓稼先看书的地方就被敌人的炸弹炸毁了。之后，邓稼先幽默地对杨振宁说：“常言道：‘救人一命，胜造七级浮屠’，振宁兄弟可是一名专门建造浮屠的专家。”

1945 年 8 月，抗日战争获得胜利，杨振宁进入芝加哥大学物理系攻读博士学位。1946 年初秋，22 岁的邓稼先被北京大学物理系聘为助教，次年赴美攻读研究生。在去之前，他询问在美国留学的杨振宁，哪所大学比较适合他，杨振宁回信建议他去普渡大学。后来，杨振宁帮助邓稼先申请进入普渡大学攻读博士学位。1948 年 10 月，邓稼先和杨振宁的弟弟杨振平从上海来到美国，邓稼先成功进入美国印第安纳州普渡大学研究所攻读物理学。

那时，美国已成功研制出原子弹，并在世界范围内处于领先地位。邓稼先心想："未来，中国也将拥有核武器。国家变得强大了，帝国主义就不敢欺负我们了。"

1950 年 8 月，邓稼先获得了博士学位。那一年他只有 26 岁，被人们称为"娃娃博士"。1950 年 8 月 29 日，邓稼先与 100 多位在美国留学的学者历经千辛万苦，回到新中国的怀抱。

1958 年秋天，第二机械工业部负责人、著名核物理学家钱三强找到邓稼先，微笑着对他说："小邓，我们要搞个'大事情'，这是涉及国家机密的事情，我想邀请你参加，你怎么看？"说完，钱三强又严肃地说："这可是光荣的事情啊！"钱三强的意思就是，邀请邓稼先加入中国第一颗原子弹的研制工作[28]。

不久，只有 34 岁的邓稼先来到正在建设的核武器研究设计院，他日夜辛勤工作，并在 1959 年做出了中国第一颗原子弹的理论计算框架。有一次，为了澄清问题，他带领数十名年轻人昼夜轮班，并用四把手摇电脑连轴转地计算了 9 次。即便经过如此精细的计算，他们仍不放心，又邀请理论物理学家周光召等人从物理概念上进行评估，结果证明他们获得的数据是可靠的。

1964 年 10 月 16 日，中国首颗原子弹试验成功；1967 年 6 月 17 日，中国第一枚氢弹在罗布泊上方的天空中爆炸。从原子弹到氢弹，法国用了 8 年，美国用了 7 年，苏联用了 4 年，而中国只用了 2 年 8 个月。这些奇迹都离不开一个人——邓稼先。

1971 年夏天，杨振宁和邓稼先在北京会面。这是杨振宁自 1945 年到美国留学后第一次回国。他离开祖国已经 26 年了，一下飞机，他在贵宾室休息了一下，要见的第一个人就是邓稼先。当时正是“文化大革命”时期，政治运动让社会变得黑白颠倒，每个人都处于危险之中，即使是像邓稼先那样执行秘密和重大任务的科学家也没能幸免。邓稼先以及尖端科技研究所的一些科学家和研究人员被集中在西北某地的“学习班”进行秘密“改造”。这时，杨振宁想见邓稼先，却没有人知道他在哪里。

周总理亲自出面，要求国防科研部门马上找到邓稼先。通过多种渠道，他们终于找到了在西北“学习”的邓稼先，并给他指示：火速返京！

此时的邓稼先正在被所谓的“革命造反派”揪斗：“邓稼先是‘美帝特务’！我有证据。他获得了博士学位。他嘴上说是为了建设新中国。事实上，他是潜入新中国的‘美国间谍’。”

“邓稼先是‘反动学术权威’！证据是明摆着的。1964 年 10 月 16 日，中国成功爆炸了第一颗原子弹，令全世界感到惊讶。

同志们，这是我们全国革命人民共同努力的结果。邓稼先，他仅仅作为理论设计方案的主持人，为什么会全部享有国家和人民给我们的荣誉？此外，1967 年 6 月 17 日，中国成功爆炸了第一枚氢弹，再一次令全世界惊叹不已。同志们，这也是我们全国革命人民共同努力的结果。邓稼先，为什么又抢走了我们的功劳？对于那些鄙视全国人民的‘反动学术权威’，我们必须把他击倒在地让他永远不会翻身……”

后来邓稼先妻子许鹿希回忆道：“当时情况非常危险。就在这个时候，杨振宁回来了，情况很快发生了变化，邓稼先获救了。这件事情非常巧合。所以他们俩的关系不一般，这就是为什么我在《邓稼先传》中写道，虽然他们是同学，但他们的友谊比兄弟感情更深。”这是杨振宁第二次救了邓稼先。

随后，邓稼先出现在北京钓鱼台国宾馆的贵宾席上，与杨振宁重温了这段友谊。这是自 1950 年两人在美国分别后的首次会面。在此期间，杨振宁向邓稼先询问美国科学家是否会帮助中国研究原子弹。当时邓稼先问周恩来，他是否说实话，该说些什么，周恩来让邓稼先如实告知杨振宁。因此，杨振宁在结束访问中国的告别晚宴上收到邓稼先的私信。当看到邓稼先掷地有声的话语化为文字——“原子弹或氢弹都是由中国人自己开发的”时，杨振宁马上离开座位，躲在一边，流下了眼泪。

当邓稼先身患重病住院治疗时，1986 年 5 月和 6 月，杨振宁两次回到中国，去医院探望邓稼先。邓稼先很高兴见到他的老朋友，甚至忘了自己的病痛。两人谈笑风生，邓稼先对杨振宁说：“我因核辐射而感染癌症，但我并不后悔，因为我们已成功实现了核实验，而且这个国家已经变得更强大了！”

1986 年 7 月 29 日，“两弹”元勋邓稼先去世。得到噩耗后，杨振宁立即从国外发来唁电：“稼先去世的消息让我想起了半个世纪以来与我的友谊，我将永远珍惜这些记忆。”杨振宁教授在致邓稼先的妻子许鹿希的一封信中写道：“我与稼先的友情是忠诚纯洁的，他是我最心爱的朋友。他无私的精神和伟大的贡献是你和我永恒的骄傲……”

1987 年 10 月 23 日，杨振宁赶到北京为邓稼先扫墓。扫墓仪式结束后，邓稼先的妻子许鹿希将一个蓝盒子交给了杨振宁。盒面上的文字写着“振宁，致礼存念”六个字，落款是“稼先嘱咐，鹿希赠”。杨振宁的目光停留在“稼先嘱咐”字样上。他打开盒子，盒内整齐地摆放着家乡安徽的石制笔筒、笔架、墨盒、笔盂、镇尺和长方形石印。这是邓稼先最后的心意，而这些文房用具，也代表着两人五十余年的友谊长存[29]。

第十三章　陈景润与哥德巴赫猜想

本人曾有幸至华侨陵园参加了数学家陈景润先生部分骨灰的安葬仪式，他的墓碑是用汉白玉的数字 1 和 2 组成的，表示他在哥德巴赫猜想上的贡献，即一个合数是由一个素数加上两个素数以乘积的形式组成。陈景润先生的墓地是陵园经营机构赠送的，连两块玉石的墓碑（“1 +2”）都是陵园赠送的。仪式请了不少中学生参加，陈先生的夫人由昆带着儿子陈由伟也参加了整个过程。由昆在讲演中提道：“天上有了‘陈景润星’，地下也有了先生永远的墓碑。”

1933 年 5 月 22 日，陈景润出生在一个邮局工作人员家庭，当时邮局的工资水平很低，为了让哥哥上学，母亲必须带不到 2 岁的妹妹去上班赚钱，因此，平日照顾 3 岁弟弟的责任就交给了年幼的陈景润。等稍稍大了一点，陈景润就利用帮母亲干活的空闲时间练习写作和计算。母亲觉得他是块学习的料子，就把他送到城关小学，陈景润也不负众望，学习很努力，表现优秀。

陈景润在福州英华学院读高中时，很幸运地遇到了让他难以忘怀的沈元老师。沈老师曾担任清华大学航空系主任，有一次，沈老师提了一个有趣的经典数学问题——韩信点兵。当其他人还在奋笔疾书、努力解题时，陈景润却很快回复道："53人。"班里同学都对他的计算速度感到震惊，陈景润随后用笔在黑板上写下了计算方法。随后沈老师在讲课时提到了"哥德巴赫猜想"，沈老师说："这是一个迄今为止在数论中尚未解决的问题，人们把它比作'皇冠上的明珠'，你们能把它摘下来吗?"课后，沈老师鼓励陈景润说："既然你可以自己解决韩信点兵的问题，将来也可以拿到数学'皇冠上的明珠'。天下无难事，只怕有心人!"

一、不畏"造反派"迫害

从厦门大学毕业后，陈景润被著名数学家华罗庚看重并转入中国科学院数学研究所。从那时起，在华罗庚的领导下，陈景润不分昼夜地工作，全身心地投入哥德巴赫猜想的漫长而非凡的论证过程中。1966 年，陈景润在哥德巴赫猜想研究方面取得了重大突破，但不巧的是，"文化大革命"开始了。陈景润被污蔑为"走资派"，他的研究"1 + 1"也被认为是"白痴"和"伪科学"。他被剥夺了从事科学研究的权利，被安排居住在锅炉烟囱旁边的 6 平方米的小屋里，桌子缺角，电线被切断。即便如此，痴迷于数学研究的陈景润仍将一盏昏暗的煤油灯挂在床板上，不停止计算和思考，一次又一次地向着世界著名的数学难题“哥德巴赫猜想”发起冲击。

二、“书呆子”陈景润

为了收集论证材料，陈景润成为图书馆的常客，一进入图书馆就不愿意离开。有一天，陈景润再次来到图书馆看书。闭馆时间到了，管理员大声喊道：“下班了，请大家离开图书馆！”每个人都走了，但陈景润根本没有听到，而是沉迷在书的海洋中。图书管理员以为所有人都离开了，便锁了门，下班回家。当陈景润读完这本书打算回宿舍时，他发现图书馆很安静，没有一个人，于是他看了下手表，发现已经是晚上 8 点多了。他又推了推大门，发现大门是锁着的。他朝门外大声喊：“请开门！”可是没有人回答。于是他走到电话旁，打电话给办公室，可是没人接。最后终于打通了党委书记的电话，党委书记接到电话后说：“陈景润！你辛苦了，你真是个好同志。”党委书记马上派同志去打开了图书馆的大门。

三、身患多种疾病，勇摘数学明珠

为了摘取数学“皇冠上的明珠”——攻克哥德巴赫猜想，陈景润坚持沿着艰难曲折的道路攀登。他身患多种疾病，如腹膜炎和肺结核。在图书馆，他拥有一个固定的位置——窗台前面的第一个座位，即使他不来，其他人也很少去坐。1973 年，陈景润发表了论文《大偶数表为一个素数与不超过两个素数乘积之和》（“1 + 2”），使哥德巴赫猜想的证明迈出一大步，并被国际学术界推广为“陈氏定理”。英国数学家哈伯斯丹和德国数学家李斯特听到这个消息后，立即收回了早已送到印刷局的《筛法》，然后在书中增加了第 11 章——“陈氏定理”。一位英国数学家在祝贺陈景润的信中写道：“你移动了群山！”

陈景润在哥德巴赫猜想和其他数论问题方面取得的成就遥遥领先[30]。世界级的数学大师、美国学者阿威尔曾经这样称赞过他：“陈景润的每一件作品似乎都在喜马拉雅山的山巅上行走。”尽管陈景润已功成名就，然而他没有骄傲自满，他说：“在科学的道路上，我只是翻过一座小山丘。真正的巅峰尚未攀升，我将继续努力。”

四、心中有祖国

1979 年，陈景润应普林斯顿高等研究所邀请，赴美国进行短期研究访问。普林斯顿高等研究所的条件非常好。在美国短短的五个月内，除了会议和讲座外，他还完成了论文《算术级数中最小的素数》，把最小素数从原来的 80 推进到 16，这一研究成果，也是当时世界上最先进的。在美国这样一个生活与物质资料相对丰富的国家，陈景润仍然保持着节俭的作风。他每月能从研究所获得 2000 美元的补助，在当时算是非常优厚的待遇了，但每天中午，他都不去研究所的餐厅吃饭。他在美国生活的五个月，除了租金、水和电费花了 1800 美元，食品的成本只有 700 美元。等他回国时，共节余了 7500 美元，这在当时并不是一个小数目，但他将这笔钱全数上交给了国家。用陈景润自己的话说："我们的国家还不富裕，我不能只想着自己享乐。"

五、徐迟与《哥德巴赫猜想》[31]

1978 年 1 月，徐迟的报告文学《哥德巴赫猜想》在《人民文学》上发表，引发了全国人民的热议，对科学家的崇拜与对数学的疯狂迷恋也在全国范围内开始蔓延。当时，"四人帮"已经被消灭，平反是一件很紧迫的事情，但有一个非常棘手的问题是，如何为知识分子平反，如何落实知识分子政策？《人民文学》编辑部要组织一个报道，内容是关于知识分子的，但当时思想还不够解放，科学院感到不太好选择写作对象。后来周明（原《人民文学》编辑）听说中国科学院有个数学家叫陈景润，名气很大，美国总统尼克松访华时，随团的美国科学家都打听过他，而且当时他的学术论文在国外影响很大。于是大家决定以他为写作对象。曾在《诗刊》做过副主编的徐迟临危受命。他到北京见过陈景润后对周明说："哎呀，怎么好多人反映这个人不好？说他很自私、不懂事，也不知哥德巴赫猜想是不是他干的。"而且当时还有很多人对周明说："科学院那么多科学家你不写，偏偏写他！能换人吗？科学院有许多很红火的科学家！”于是周明等人直接请示了中国科学院院长方毅。方毅院长说道：“可以写陈景润，哪个科学家没有缺点？十多年来，陈景润对哥德巴赫猜想的研究是一件好事。”1991 年 11 月 27 日，周明和徐迟到数学所找陈景润。数学所支部书记李尚杰说道：“小陈还是很好的。虽然身体有病，但仍然一天坚持十几小时在那 6 平方米的小屋里研究哥德巴赫猜想，这种精神真可贵！”他把陈景润发表的论文拿给他俩看。两人正看时，悄无声息地进来了一个个儿不高，身穿蓝制服、头戴棉帽的人。李尚杰书记说道：“这就是陈景润”，听了介绍，陈景润谦虚地说：“不要写我，我对国家没大的贡献。”两人先后采访了几十个人，包括陈景润的导师、前辈和同行，有赞成他的也有反对他的，但很多事情也证明了陈景润头脑清晰、思维敏捷，是个难得的数学奇才。陈景润那个 6 平方米的小屋平时谁也不让进，但大家都想亲眼看看他的工作环境，于是李书记破例让大家进了小屋。进去一看，令人大吃一惊：乱七八糟，脏得很。屋里的两个大麻袋，一袋装着手稿，另一袋装他换下的脏衣服。如此艰苦的环境让大家几欲落泪。堂堂的大科学家在如此恶劣的环境里几十年如一日，这种奉献精神确实值得写。

徐迟写陈景润时，颇下了一番功夫。作家不大懂数学，但他把陈景润的著作都看了一遍。徐迟讲过这样一句意味深长的话：科学不一定人人都懂，但科学家我们应该懂，应该尊重，应该理解。文学即人学。要知晓一个科学家就要先读读他的著作，这样才会知道他的成功耗费了多少心血，才能体会到攀登科学高峰每一步是多么艰辛。作品完稿后，徐迟反复修改了好多遍。因此，这篇文章发表后，在国内外引起了前所未有的反响，打破了极“左”思潮对知识分子的偏见和歧视，让全社会明白，在建设两个文明和过上小康生活中，知识分子是何等重要。

六、巨星陨落

1996 年 3 月 19 日，由于过度劳累，在数学界有着极高声望的数学家陈景润去世。他生命中无所畏惧、不怕困难、无视生活艰辛、永攀科学高峰的精神，总能激励后来者。为了纪念陈景润对数学研究的杰出贡献，1999 年，中国发行了纪念陈景润的邮票。国家天文台将其发现的国际编号为 7681 号的小行星命名为“陈景润星”，使他的精神可以在宇宙中永远闪耀下去。

第十四章　他穿过黑洞去往星辰大海

2018 年 3 月 14 日，科学界中最耀眼的明星斯蒂芬·霍金去世，享年 76 岁。

当地时间 2018 年 6 月 15 日 12 时，霍金的追悼和骨灰安葬仪式在伦敦西敏寺大教堂举行。霍金的骨灰被葬在达尔文和牛顿的坟墓之间。他的坟墓纪念碑上刻着黑洞图案，以及由他提出的描述黑洞熵的著名公式，这符合霍金的最后愿望。这个愿望是 2002 年，霍金在庆祝他 60 岁生日的一次关于理论物理和宇宙学未来的研讨会上表达的。

他像其他一些伟大的西方科学家，如阿基米德、玻尔兹曼、普朗克、薛定谔和狄拉克一样，自己的墓碑也刻上了他最重要的公式和贡献。

斯蒂芬·霍金于 1942 年 1 月 8 日出生于英国牛津，这天恰好是意大利伟大的天文学家伽利略逝世三百周年。虽然现在人们认识到霍金是世界上最聪明的学者之一，但在他的学生时代，他并不是一个聪明的孩子。9 岁时，他是全班同学中表现最差的学生，他从牛津大学毕业的父母对此感到担忧。然而，霍金的大多数老师认为他表现不好的原因只是因为他对得分不感兴趣。

除了是一名伟大的科学家外，霍金本人非常幽默。他是电视屏幕上非常受欢迎的人物。例如，在《辛普森一家》中，有一个叫霍金的动画角色。此外，霍金还有自己的电视节目，如《了解霍金与霍金》和《史蒂芬·霍金：宇宙之魂》等。虽然大部分电视观众不明白霍金关于宇宙的所有言论，但是他们还是很喜欢看他的节目。

2016 年 4 月 12 日，霍金开设了新浪微博，发布了 179 字的状态，并表示这些字均由自己操作。但据知情人透露，霍金是用眼睛打字，几个字母就需要花费一定的时间，打一句完整的话会更辛苦，179 字预计需要一小时才能完成。但不管怎样，仅两天时间，霍金的微博就吸引了 200 万粉丝。

霍金是如何使用眼睛打字的呢？1997 年，英特尔为霍金提供了一个协助演讲的系统。起初，英特尔创始人摩尔看到霍金使用的电脑是竞争对手 AMD 的处理器，所以问他是否想要使用“真正的电脑”，霍金欣然同意。为此，英特尔每两年为霍金更换一次计算机，并提供支持服务。后来英特尔为霍金找到了更好的解决方案：通过眼动追踪、联想输入和语音合成器播放辅助霍金与外界通信。他们在霍金的眼镜上安装了红外发射器和用于检测肌肉活动的侦察装置，当他打算说“你好”时，他可以通过面部肌肉运动激活辅助系统，使用眼球控制红外发射器，并选择屏幕上依次出现的英文字母。当计算机显示“H”时，霍金移动他的眼睛，计算机就会继续显示以“H”开头的英文字母。当“Hello”出现，他可以再动一下，选定这个字母。当霍金完成输入后，他将句子发送给语音合成器。

当然也有人说，实际上霍金的大部分言论是背后的商业团队在操纵和完成！

我们所接触的霍金是一个与爱因斯坦相提并论的“神人”。比如，把霍金暗示成伽利略的转世，“霍金出生的这一天，是伽利略的祭日”或者“他成为世界上最著名的科学思想家和爱因斯坦以来最杰出的理论物理学家”。这样的霍金，频频发表惊人言论，常常出现在电视荧屏上，热衷于参与政治。很难想象他如何有如此多的体力去操心这些事情。霍金在2013年和2015年的演讲中提及：“那些商业团队就是吸血鬼……很多话都不是我说的”“只有我进了棺材，他们才能最后地放过我”。

除去所有的宣传和包装，霍金只是一位坐着轮椅的老人，一个几十年来一直患病的不幸老人。这位老人在退出研究圈后便遭到商业团队的绑架。

霍金对于幕后团队的行为必然是知晓的，但他没有反抗的力量，或者说没有反抗的心情。这一点从霍金的第二段婚姻经历中或许可以得到佐证。

2004 年 1 月 22 日，英国《每日镜报》独家披露了霍金的第二任妻子殴打他的相关内情。长期以来，霍金都是由家庭成员和护理人员照顾。一名护理人员透露，他的第二任妻子伊莱恩（曾是霍金的护理员）多次伤害霍金，他身上至今残存一些“令人震惊”的伤口。据一名曾是霍金护理小组成员的护工向警方透露，新护工上岗前都要接受 53 岁的伊莱恩的“教育”：她们被叫到霍金卧室，观看伊莱恩与霍金赤裸裸的性爱场面。这名护工说：“她经常一丝不挂地偎依在他身上。当时我惊呆了。但后来有人告诉我，很多人都经历过这种事情。她想表明他们之间有性关系。”该护理人员表示，患有神经系统疾病的霍金总会莫名其妙地遭受创伤、瘀伤和骨折。她特别提到了霍金的两处伤口。她说：“我记得有一天我进去后发现他的喉咙被割伤了。这不是剃须刀造成的伤口。伤口有大约 3 英寸长（7.6 厘米）。”另外一次，她把他的手腕向下摔在轮椅上，手腕骨折了。这一幕恰巧被护理人员看到了，于是这名护理人员的日子变得非常困难。这名护理人员说，不仅霍金受到伤害，自己也受到伊莱恩的威胁和虐待。

护理人员说伊莱恩威胁她不要告诉警察真相。不知何故，霍金还警告她不要再提这件事了。

事实上，英国警方曾两次调查霍金的受伤情况。警方早在 2000 年就收到了一份报告，称霍金多次受到莫名其妙的伤害，包括扭伤手腕、刺伤脸部、割伤嘴唇。警方于 2001 年开始调查

霍金的伤势，但在审讯伊莱恩后暂停调查。

据《每日镜报》报道，在 2003 年 8 月最热的一天，坐在轮椅上的霍金在他的花园里待了很长时间。后来，他严重中暑并被阳光灼伤。护理人员向警方报告说，她发现了霍金的瘀伤痕迹。警方因此重新展开调查。

但霍金否认自己受到伤害。他无视警方发来的信件和电话留言，拒绝举报。警察不得不在两个房间分别与霍金和伊莱恩交谈，伊莱恩为自己辩护称，护士报案是要保护自己，因为如果霍金出什么事情，护理人员不可避免地会被指责。“当他的腿骨折时，护工们受到责骂。因此，她们经常报告一些事情是为了保护她们自己”。

2004 年，媒体报道霍金被第二任妻子殴打。2006 年夏天，64 岁的霍金与他的第二任妻子伊莱恩离婚。

在霍金与第二任妻子结束 11 年的婚姻后，霍金和他的第一任妻子简和解了。霍金和简曾结婚 25 年，简也照顾了霍金 25 年。但他们最终还是在 1995 年离婚了。但是经历一切之后，两人又重新在一起，与儿孙们共享天伦之乐，直至生命的最后。

我们有理由相信，无论将霍金视为一名物理学家，还是一位文化名人，抑或只是被人操纵。抛去身份和光环，这个世界上依然是有人真心爱他的，而我们也应该爱他。

下篇

科学人物

科学童话
KEXUETONGHUA

第十五章　沈括

在江苏省镇江市城东一条幽僻的小巷内，有一座简朴寂静的庭院，庭院虽小但青砖错落、花香馥郁。院中的纪念堂里有两副楹联，一副书“沈酣于东海西湖南州北国之游梦里溪山尤壮丽；括囊乎天象地质人文物理之学笔端谈论自纵横”，另一副道“数卷奇文物态天心匀翠墨；一钩初月南航北驾为苍生”。这园名为梦溪园，正是《梦溪笔谈》作者沈括的故居。

沈括原是杭州人，他在《自志》中写道，30 多岁时常常梦到一处山明水秀、花木如锦之地，心中乐之。后来在镇江置办的这块园地，恰若梦中所游，故取名梦溪园。在这里，沈括潜心修撰并完成了科学史上前无古人后无来者的《梦溪笔谈》。这本被英国学者李约瑟称为“中国科学史上的里程碑”的著作就是从这样一方小小的庭院走到世人面前的。

近代科学源于西方，新文化运动后“德先生”“赛先生”才走进中国。关于中国古代有没有科学、有没有科学家的争辩至今仍未结束。但不可否认的是，中国古代有许多具有科学精神或者科学头脑的人。这些人中，和祖冲之、张衡、郭守敬、宋应星等共分“一杯羹”的沈括，能够在天文历法、地理地质、数学、化学、磁学、光学等多领域进行钻研，提出多项领先于世界的研究成果，甚至确立了“古代科学家”的身份，得到后世包括西方学者的高度评价，是有其自身以及时代原因的。

沈括出生于一个官宦家庭，幼时勤奋苦读，又随父亲宦游州县，表现出敏锐的观察力和求知欲。他随父亲南下泉州时，见到当地一种叫“钩吻”的植物（俗称断肠草）。有人说这是一味草药，也有人说是致命毒物。沈括叫人取来一株钩吻仔细观察，发现它有点像葛却又不同，根和皮是红色的，花如茴香，呈黄色，和《酉阳杂俎》等书所描述的并不一样，人们常常将它当作野葛入药，因此屡出人命。当时的沈括不过是十几岁的少年，却敢将剧毒植物拿来观察并且指出医书上的不严谨之处，其过人的观察和思考能力由此展现[32]。

沈括24岁开始踏入仕途，做过主簿、县令一类的地方官，因此能体察民间疾苦。他参与修复的万春圩工程，促进了当地农业的发展。沈括33岁中进士，在昭文馆里编校书籍，后担任司天监，支持当时的平民天文家卫朴编修《奉元历》，这一新历法以365. 2435850天为一回归年，与今天实际测量的相当接近，是当时最精确的历法。在说明日食、月食、月球绕地球运行规律时，沈括见解独到精辟，他的“月行周于黄道，如绳之绕木”

比喻生动又形象。为了更好地观测天象，沈括进行了大胆革新，不仅对浑仪、浮漏、圭表进行改革，还制造了测量日影的铜表，并早西方500多年发现了蒙气差，指出了大气的折射作用，这些在当时都是了不起的创见。

小孔成像早在战国时期就有记载，沈括通过实验发现成正像与倒像之间有一个分界点，进一步发现了近代光学所谓的焦点。西汉《淮南子》中记载的阳燧取火现象当时并未指出原理，沈括对此进行了光学原理的解释，他还对投光镜进行过研究，对后人有很大的启发。

在做河北西路察访使时，沈括的兼职是判军器监，负责有关军器的制造工作。受自己兄长沈披和舅父许洞（北宋时期军事家，著有《虎钤经》）的影响，沈括对武器制造也颇有研究。他曾发掘出一台汉代弩机，亲自试射，研究弩机的构造原理、使用方法和功能不足，做了明确的记录。在河北时，他还考察了当地的锻铁作坊。在后来的《梦溪笔谈》中，虽然有关化学化工的知识并不多，但是以胆水炼铜、石油开发、采盐为代表的条目，今天看来都是成就卓越的。沈括也是提出“石油”一词的第一人，并且预言“此物后必大行于世”。虽然他无法预测到石油在现代的重要价值，但是能够对新鲜事物有如此敏锐的嗅觉，也是为后人所称道的。

为官期间，沈括还创造性地发明了立体地形模型。他先在木板上画出平面地图，再用面糊和木屑模制出地形、地势。这比

瑞士 18 世纪的地理模型图要早 700 年。在野外考察地形时，沈括根据太行山断层螺蚌化石及砾层的沉积带，第一次从化石的角度做出海陆变迁的科学解释。他将化石解释为古生物遗迹，比西方达·芬奇的解释要早 400 年。今天所说的“化石”一词，也是从沈括的文章“悉化为石”得来的。

宋代是我国古代科学技术发展的巅峰。生产的发展、经济的繁荣、统治的开明、科举制度的完善以及各民族间的交流造就了一批博采众长同时具有务实精神的通才。在成为科学家之前，沈括还是位文学家，《梦溪笔谈》是他最有名的著作，除此之外他在经、史、子、集各部都有论著。他还是名数学家，主要成就是隙积术与会圆术。日本数学家三上义夫在《中国算学之特色》中称，没有一个日本数学家能比得上沈括，甚至在其他国家中也很难找到与沈括相提并论的人。他同时还是书画鉴赏家、音乐理论家、外交家、天文家、王安石变法早期的拥护者、民间医方的收集者。当然，他也并非完人，家有悍妻、晚年凄苦，虽谨小慎微但立场反覆，与王安石、苏轼等名臣结下过梁子，一度成为新旧两党共同抨击的对象。同时代的人虽承认他博学善文，但对他擅长的天文、历法、算学等却并未推崇，不少人对沈括的人品也颇有微词。直到近代，竺可桢、张荫麟等人研究中国古代科学史，高度评价了他在科学技术上的成就贡献，认为他是“能以近世之科学精神治科学者”“有科学家之头脑”。再加上李约瑟在《中国科学技术史》中对沈括的高度赞誉，国内外对沈括的研究才兴起，他的科学家地位也因此建立并日渐稳固。

但这一切仍离不开那本传世著作——《梦溪笔谈》。《梦溪笔谈》虽是他晚年的作品，但其中许多素材笔记乃是他一生的积累。按照他自己的说法，《梦溪笔谈》有两不谈——国家政事、宫廷禁事不谈，有关他人毁誉利害之事不谈。这本书除了他个人经历、发明创造和独家考证外，还记录了许多别人的成果[33]。其中最突出的是沈括详细记载了毕昇的活字印刷术，这是现存唯一有关活字印刷术的原始资料。还有对指南针的记载，沈括的记录不仅是最早的还是最详细的。他在书中对一些现象给出了较为科学的解释，但有一些也仅停留于推测和猜想；一些记录详细保留了他的研究过程，而一些只是他对某一现象的客观描述。遇到无法解释的难题，他也会归之于“神奇”“妙理”，这是他所处时代和社会的局限性导致的，但并不能掩盖《梦溪笔谈》一书的光芒，更不能影响沈括在科学史上的地位。

正如胡道静先生所言，“他是我们历史上，同时也是世界历史上稀有的一位通才。对于文学、艺术、科学、技术和历史、考古，他都有深刻的研究，并且在各方面都有创造性的见解提出来。他有好些重要的创见，至今为举世人称道不衰；他有好些正确的科学论断，远在西方学者数百年之前便明确地提出”。我们不必以现代科学的标准过分苛求他，也无须为他锦上添花。客观地讲，在当时的时代背景下，沈括算得上是北宋时期的中国乃至世界伟大的科学家之一。

第十六章　吴又可

瘟疫在人类历史上有着举足轻重的作用，甚至在某种意义上改变了历史的进程。在现代历史学中，黑死病被认为是欧洲中世纪的转折点。它结束了欧洲中世纪的黄金时期，也促成了文艺复兴和现代化进程的开始。对于中国而言，瘟疫曾经是朝代消亡的重要原因。元朝末年频繁的瘟疫加速了元朝的灭亡，明朝末年的大瘟疫影响了当时的战局进展。随后，进入北京的李自成军队也因感染瘟疫战斗力大降，从而为清兵入关带来了机会。清军所以幸免于此，主要是因为清军大多是由骑马的士兵组成——鼠疫是通过跳蚤来传播的，而跳蚤讨厌马身上的味道，士兵就很难被鼠疫传染。

明朝末年，不仅北京一带瘟疫大流行，长江下游地区也有大量瘟疫病人出现，这给当时吴县（今苏州）的知名医生吴有性提供了创新既有医学理论的机会，也为新的医治手段提供了试验机会。他的《温疫论》成为影响数百年的瘟疫专门著作。

吴有性，字又可，生于 1582 年，卒于 1652 年。他的代表作《温疫论》撰写于 1642 年，当时是明崇祯十五年，距离李自成攻入北京还有 2 年。

传染病大多由病毒或细菌引发，其中病毒导致的传染病大约占全部传染病的 75%。由于细菌和病毒都太小，难以用肉眼观察，就 17 世纪能达到的科学水平而言，没有更好的辅助性仪器，因此医生们只能用一些词语去描述它。例如，吴有性就将疫病的出现归结为“戾气”，这就是在当时认知局限下的朴素唯物主义视角。他在《温疫论·原序》中说：“夫瘟疫之为病，非风非寒非暑非湿，乃天地间别有一种异气所感。”

这个解释否定了温度、湿度等外界环境的影响，将疫病归因为一种特殊的无法观测到的物质，这在当时具有超越时代背景的科学性。毕竟在那个时代，大多数人将瘟疫简单归结为瘟神作祟，应对的方法则是将瘟神的牌位在闹市上烧掉。

吴有性发现了传染病的传播途径和方式，例如空气传播，相比以往的接触传播认知有了较大进步。具体来看，他认为“天受”——通过自然环境感染是其一，而“传染”——通过接触患者而感染是其二。这和今天我们的认知是一致的，当然，所谓的“天受”可以是从身边的动物身上传染而至[34]。

尽管细菌和病毒是在显微镜诞生后才被观测到的，但吴又可还是对病原体的基本特征进行了描述：

（1）特适性。不同病原体作用于不同器官，表现出来的症状有所不同。

（2）多样性。不同的病原体导致的传染病不同。

（3）流行性。会在人与人之间传播，导致大量的人先后患病。

（4）偏中性。传染病感染的对象不同，存在人患病而畜不病的情况。

这些特征的发现为疾病预防和治疗提供了建设性提示。因此，尽管吴又可无法看到病毒和细菌，也没有认知到细菌和病毒使人致病的机理，但他从现象上推测到了这些可能性和必然性。

吴又可还试图用自己的语言对瘟疫进行解释。他将今天广泛使用的“瘟疫”写成“温疫”，并猜测适合的温度可能是导致疫病的重要外部因素。直到今天还有人认为温度是导致疫病的重要因素，因为有很多类型的传染病是在春天发病，等夏天暑热的时候病症就消失无踪，例如 2003 年的 SARS 疫情。

吴又可试图建立起“发烧”和“内脏病变”之间的关系，他认为发烧、头疼等属于“表”，是能够观测到的症状；而胸腹闷痛则属于“里”，是内脏器官的具体表现。两者之间的十种组合构成了不同的病症，需要分别考虑治疗方案。这些都是在无法验血、验尿的情况下给出的分类，存在一些不尽科学的地方。然而，吴又可能够组合不同的症状，并追根溯源，具有一定的启发性。

明朝末期，瘟疫在中国大地上肆虐，很多人将其简单归为伤寒的一种，加之医圣张仲景所著的《伤寒杂病论》中有建议的药方，也就自然可以根据药方进行治疗。而吴又可先生发现，以治疗伤寒的方法治疗“温疫”并不对症，且瘟疫的传染性更强，药方当然要有所不同。

现在我们知道伤寒是伤寒杆菌所致，而鼠疫则为鼠疫杆菌所致，是两种完全不同的细菌，发病时表现不同，因此治疗方案也不一样，这与吴又可当时的结论是相符的。即使同一类病毒在特征、表现和治疗上也有很大的差异，例如新冠病毒引发的肺炎和 SARS 病毒引发的肺炎。

长江下游地区受地域的影响，容易从海上、江上、陆上等源头传来不同类型的疫病，而当时的饥馑加快了传染病的扩散。吴又可因时而动，创造性地将瘟疫的机理、症状、治疗方案等写成了《温疫论》。尽管该书有一定的历史局限性，但是其科学思想还是能够为后人所知的。

我国在 2013 年拍摄了一部关于传染病的电影《大明劫》，将吴又可和明朝军队出现的传染病疫情结合到了一起，以艺术形式将明末疫情的流行以及疫病与国运之间的关系展现在同一部作品里。

电影里有几个镜头颇能说明吴又可在书中表达的见解。例如，他在解释病原体传播途径的时候，用了阳光下的微尘飞舞来做比拟，从而解释即便两个人没有直接接触也会发病的原因。

他在治疗的时候采用了分类隔离，将轻症患者隔离到一个军营里，而将重症患者单独隔离，避免了相互之间的交叉感染，这一点和今天的重症室封闭隔离与方舱松散隔离的措施非常相似。

虽然《温疫论》中记载的很多药方在今天看来不尽合理，吴又可对疾病的解释，例如疫病出汗的四个类型——“战汗、自汗、盗汗、狂汗”在今天看来也有些荒谬，但每一种认知都有历史局限性，未来更先进的医学也会更正或完善今天的知识体系[35]。

第十七章　王贞仪

王贞仪是我国清代的女科学家，研究涵盖天文、历算、医药等领域，著有《德风亭初集》留存后世[36]。王贞仪是我国古代极具代表性的一位女科学家，她的学术研究贯通古今、中西合璧，在国内外都享有较高的声誉。2000 年，北京天文台发现了一颗小行星，国际天文学联合会将其命名为“Wangzhenyi”，代号“43259”。2004 年，国际天文学联合会为纪念她的科学贡献和研究精神，用她的名字命名了金星上的一个陨石坑。

清代，西方科技日渐繁荣，我国古代科技却日显衰落。当时的中国，有的学者用尽一生去论证西方人的研究成果，也有人坚持遵循中国已有的科技脉络，中西合并、兼容并蓄开展研究的学者也较多。我国古代的“畴人”，是指精通天文历算的学者。这些学者通常以家族为系统，父子相传，世代从事科学研究。我国清代“畴人”群体声势浩大，天文历算在当时的学术研究中占有很大比重。中国古代的传统数学包括代数和几何两个领域，在王贞仪所生活的年代，安徽宣城的梅文鼎被誉为“清初历算第一人”。王贞仪对梅文鼎的梅氏算学极为推崇，反映了她受家族和地方学术影响较为深刻。

王贞仪出生在江苏江宁，出身书香门第。她的祖父是一个中下级官僚，喜欢研究星象和算数。父亲仕途坎坷，却医术精湛，还写过医学专著。这样的家庭环境为王贞仪的天文、历算、医药研究奠定了坚实的知识基础。王贞仪祖父曾任丰城知县和宣化知府，后因政治原因调往吉林。据说王贞仪祖父家中有 75 柜子的藏书，这简直是王贞仪的知识宝库。王贞仪十几岁时，随母亲去吉林为祖父奔丧，在吉林生活了 5 年。这让她有机会阅读了祖父丰富的藏书，增长了她的知识和见识。同时她向蒙古将军的夫人学习骑射，曾有“亦曾习射复习骑，盖调粉黛逐绮靡”的佳句传世。在回忆这段经历时，王贞仪写下了知名的诗作《题女中丈夫图》，反映了她探索未知、潜心研究的精神，这种坚强的性格也成为她被敬仰的重要原因。王贞仪的父亲曾任武砂县丞，虽在官场上屡屡失意，但在医学上确有较高的造诣，著有《医方验钞》四卷，已经散佚不全。虽然王贞仪的父亲精于医术，但不常诊治他人。但若有上门求医问药的病患也不会推辞，并且详细记录医案。父亲严谨的治学风格也为王贞仪日后的科学研究奠定了基础。王贞仪跟随她的父母辗转北京、陕西、湖北、广东、安徽等多地，阅历颇丰，最终在安徽宣城婚嫁、定居，并在此期间完成《德风亭初集》的编写工作。与清代的其他科学家相比，王贞仪的科研道路更为艰辛。为了从事科学研究，她必须反对封建迷信和封建礼教，也必须与当时人们对女性固有社会地位的认知相抗争。她呼唤男女平等，不屈不挠地开展科学实验，用心追寻天文、数学、医学各领域的知识。在相关记述中，她在诗词歌赋方面的才华也时常被提及。多才多艺的王贞仪为后世留下了丰富的科学作品，成为我国科学史上的一段佳话。

虽然王贞仪29岁英年早逝，但其一生研究成果颇丰。王贞仪在她的学术作品中介绍了唐代创作的《大衍历》，叙述了“岁差”的测算方法，比较了不同版本书籍的异同并指出了其中的错误。她经常把自己关在房间里，沉迷于天文学实验。在当时的条件下，王贞仪没有科学仪器，只能自己动手做。王贞仪用桌椅、镜子、杯盏作为不同的天文个体，模拟天象。实验过程中，她不断地观察太阳、月亮、地球的位置关系，找出天文现象的运行机理。她在《月食解》一书中写道：太阳照耀着月亮，我们看到的月亮才有光。人们从地球上看到月亮，月初为新月，十五为满月。她的月食理论与现代天文学完全一致，这在当时是十分罕见的。进而，她记述了“岁差”的作用，详细阐释了其演变及测算的历史。她参见九道书的理论，用实验验证了黄赤二道的运行规律。在《地圆论》中，她对传统天圆地方的认识进行了批驳，反对“浑天说”和“盖天说”。她认为“环立此皆因各方之天顶随其人之环立而异耳”，即“人处于任何地方，头顶之上都是天空”。宇宙浑然一体，并没有上下左右或正反前后的差别。这是天文学上的一大进步。她最为人称道的是对“日心说”的支持。她提出，“七政之天，皆以日为心者”。我国古代将日、月、金、木、水、火、土称为“七政”。这里指的就是太阳是各行星的中心。在天文学方面，虽然王贞仪主要是对前人的研究成果进行总结，但她对自己所关注的难题进行了深入的思考和详细的论证。她大胆地挑战主流观点，实事求是、坚持论证的思想和主张仍然值得后人学习。

王贞仪认为数学应该具有普及性，通俗易懂，特别是要唤起人们对数学重要性的认识。她广泛阅读中国古代的数学著作，学习西方传入中国的“筹算法”。我国古代数学界在三角函数研究方面并没有太多有价值性的理论研究，但进行天文学测量时，已经能够认识并且使用勾股定理。王贞仪对勾股定理进行了详细的阐释，与《周髀算经》中的论述一脉相承，为三角函数在勾股中的运用和推广做出了巨大贡献。她对梅氏算学进行研究时，根据自身的研究体会，总结出最优选的方案，并对梅氏算学择其精要，删繁就简，重新著述。她认为梅文鼎《筹算原本》一书中对解方程方法的阐释非常精妙，但对于初学者来说还是比较复杂的。因此，她改编了原著中的深奥定理，并尝试使用通俗易懂的语言，让初学者能尽快掌握其中的含义。王贞仪关注三角函数运算从起源到发展的过程，对三角函数的广泛应用场景有深入的阐释，并在附录中记载演算过程，其中的严谨精神令人钦佩。在数学领域的研究中，王贞仪运用了逻辑推理思维，吸收了西学的本源论。在科学实践思想的指导下，她认为数学来源于生活，三角学习理论在生活中具有应用价值和影响。王贞仪在进行数学研究时，注重创新思想的引导，根据自己的研究结果，总结出最优方案。王贞仪在总结前人的数学成果时，非常注重通过自己的实践，总结和创新前人的研究方法。她认为，数学领域存在着许多具有多种解的问题，如果能够选择最好的方法，便能事半功倍[37]。

在医学领域，王贞仪虽然没有专著，但她在为父亲《医方验钞》一书所写的后记中表达了对医德文化的重视。王贞仪的父亲是一位医术高超的医生，为了给女儿更多的实践机会，他们一同到各地行医。因此，王贞仪熟悉中医，具有丰富的医学知识。她收集了许多偏方和秘方，积累了丰富的行医问诊经验，并运用所学的医学和药理学知识，亲自为病人切脉开方，常常有自己独到的见解。王贞仪还提出了卫生防疫的命题，强调疾病预防的重要性。在医学上，王贞仪主张随机应变、因人而异的治病方式，坚决反对抄医书式的治疗方法，认为抄医书式的治疗方法不仅不能治病，还可能害人。这些观点即使在当下也具有一定的现实意义。

我国古代十分重视科学技术的综合应用，王贞仪从生活现象出发，对从书本上得到的结论进行验证，对前人的研究结论予以实践。在科学实践的过程中，她通常会通过自己的观察，对所接触的知识和现象进行研究。她仔细推敲了每一个理论观点，研究思路严谨细致，从而形成对前人和前人研究的中肯评价。王贞仪的研究内容具有系统性，科学问题的探索不是无中生有，而是从科技书籍中对自己的学术观点进行细致梳理和总结，然后结合实践，对学术问题获得认识，对研究成果进行记录和阐述。

在我国古代，科学技术常被视为异端，传播、推广、传承都将遭受极大阻碍。王贞仪不惧怕世俗的眼光，坚持自己的理想。她的科研工作，对我国古代天文、数学、医学领域的知识普及和现今对这些领域的复原，都具有重要的意义。

第十八章　路易斯·巴斯德

路易斯·巴斯德，法国著名微生物学家、化学家，曾任巴黎师范大学教授和巴斯德研究所所长。他一生致力于化学同分异构、发酵、细菌培养和疫苗等领域的研究，发明了巴氏消毒法，研制出狂犬病疫苗，创建了微生物致病学说和免疫接种法。他取得的这些重大成就奠定了工业微生物学和医学微生物学的基础，因此被后人誉为“微生物学之父”。

一、故里长梦，父爱如山

路易斯·巴斯德出生在一个温暖和谐的家庭。父亲曾是拿破仑军骑兵队的一名军人，后来在一家制革厂工作，虽然收入微薄，但是为人热情、善良，有许多朋友。他没读过多少书，却十分明理，敬重读书人，希望儿子能读很多书。巴斯德的母亲是位聪慧、善良的农家女。

童年时的巴斯德是个不怕吃苦、学习认真的孩子，每次做数学题都反复推敲，直到弄明白为止。他常常花比别人多两三倍的时间完成老师布置的作业，这种精益求精、锲而不舍的精神，为他以后的科研之路奠定了坚实的基础。

巴斯德 16 岁时，就读于家乡附近的爱波斯大学，毕业后踏上了巴黎的求学之路。在巴黎师范大学，巴斯德对化学产生了浓厚的兴趣，开启了科研生涯，之后获得了物理化学博士学位。

19 世纪中叶，专注研究课题的巴斯德，收到母亲的来信，在信中他得知父亲去世的消息。父亲临终前的最后一刻还念着巴斯德的名字。巴斯德永远忘不了父亲第一次送他上小学时的情景，也忘不了学习中遇到困难时，是父亲给予他更多的鼓励和帮助，是父母节衣缩食送他到巴黎完成求学之路。

二、眼眸交会，寻得知己

26 岁的巴斯德从巴黎师范大学毕业后，来到斯特拉斯堡，不久认识了当地一所中学的校长劳郎，并经常受邀到他家中做客。劳郎有 3 个女儿，巴斯德发现，每当他和劳郎谈话的时候，劳郎的二女儿总是用一种特有的目光注视着他。巴斯德开始注意起她来：她和她的姐妹一样漂亮，但相比之下她更显得端庄和文静。爱情开始在两位年轻人心中萌发。巴斯德在给朋友的信中写道："我理想中的妻子所应具备的条件，她都齐备。"巴斯德用真诚打动了劳郎一家，并向劳郎的二女儿求婚。

婚后，巴斯德太太从心底敬仰和爱慕着巴斯德，对他没有任何世俗的要求。她在生活上无微不至地照顾着巴斯德，由于巴斯德做实验不能按时回家，巴斯德太太一遍又一遍地热饭菜，盼着丈夫回来。她疼爱自己的丈夫，也理解丈夫的崇高事业，对此从无怨言。

巴斯德在父亲去世后，情绪一直很低落。可是祸不单行，巴斯德夫妇的小女儿在 2 岁时患上了肺炎，经治疗无效死亡。悲痛欲绝的巴斯德接连受到两次打击，加上平时过度劳累，最终因脑出血病倒了。

在不到一个月的住院期后，巴斯德就下地行走并重返实验室，他深知许多未完成的研究工作和实验正等着他去完成。医生不禁感叹：这简直是上帝创造的奇迹！但只有巴斯德太太心里最清楚，是崇高的信念在激励着巴斯德与病魔做斗争。

巴斯德一生能取得巨大成就，离不开他锲而不舍的探索精神，更离不开太太的支持与鼓励，是她给了丈夫最宝贵的精神支持和生活照料。

三、心无旁骛，坚守真理

巴斯德研究发现了许多有应用价值的科学真理，并取得了很多成就。以下是他几个具有里程碑意义的成就。

1. 发明巴氏消毒法

巴氏消毒法，是一种用较低的温度（一般在 60 ~ 82 摄氏度）既可杀死病菌又能保持食物中营养物质风味不变的消毒法。

那么，巴氏消毒法是怎样被巴斯德发现的呢？

19 世纪法国的酿酒工业逐渐发达，酒商在酿造葡萄酒和啤酒的过程中发现酒会变酸，导致无法饮用。于是，当地的几位酒商代表专程拜访巴斯德以寻求帮助。巴斯德经过研究发现，所有变酸的酒中都能看到长棍状微生物（乳酸菌）。如果能除掉它们，解决酒变酸问题就指日可待了。

巴斯德首先想到对付微生物的有效办法是高温。不过高温也能杀灭酵母菌，没有了酵母菌，粮食就无法发酵，也就不可能酿成酒了。巴斯德犯了难，经过多次实验，终于把温度条件缩小至 50～60 摄氏度，此温度范围既适宜酵母菌生长又不利于乳酸菌繁殖，保证了酿的酒气味醇香。

酒商为之欣喜若狂，纷纷赞扬巴斯德。巴斯德的微生物学挽救了法国的酿酒工业，为了永远铭记巴斯德的功绩，人们把这种方法称作巴氏消毒法[38]。

2. 否定“自然发生说”

“自然发生说”认为自然界的所有生命可以从非生物中自然发生。比如，认为虱子、跳蚤是从不清洁的衣物中产生的，认为蚊子是从污秽肮脏的死水中产生的，使肉腐烂的微生物是自然产生的。

巴斯德的观点是微生物只能由它的前代微生物产生，绝不可能自然发生。在否定“自然发生说”的过程中，巴斯德根据实验需要，亲手设计出一种新型曲颈瓶，其设计之巧妙，令后世微生物学家、医学家大为折服，并被世人广为使用，它就是巴斯德曲颈瓶。

巴斯德为证明自己的观点正确，亲自率领一支特殊登山队来到阿尔卑斯山脉主峰勃朗峰，无菌的空气恰好帮助巴斯德进行实验，结果也正如他所料。人类对自然现象的认识总是无止境的，经过巴斯德 20 年的努力，“自然发生说”终于在学术界销声匿迹了。

在人类历史上，一种科学理论的最终建立，常常要经过几代科学家的艰苦努力。巴斯德用了 20 年来探讨微生物问题，为此做了大量的实验，积累了许多有价值的数据和资料。

3. 研制狂犬疫苗

19 世纪 80 年代，巴斯德开始致力于研究狂犬病。他和助手经过 5 年的艰辛研究，在人类历史上首先研制出预防和治疗狂犬病的微生物注射液。虽然成功，但是注射液始终停留在动物实验阶段。

1885 年夏天，一位母亲着急地找到巴斯德，她带着浑身被绷带缠裹的 9 岁男孩梅斯特。他在玩耍时被一条疯狗咬伤，全身多处伤口，很是可怜。母亲哀求巴斯德救救孩子。巴斯德心情异常沉重，他犹豫是因为对动物有效的疫苗对人体未必有效。但他已没有时间过多考虑，他及时征求了 2 位同行的意见，他们也都认为应该马上给孩子接种。当天晚上，巴斯德给小梅斯特注射了自己研制的狂犬疫苗，也是历史上第一次为人类注射狂犬疫苗。最终，小梅斯特平安度过了危险期[39]。

这个结果使巴斯德激动万分，心情难以用语言来表达。他欣喜不仅是因为疫苗在人体上的成功，更重要的是他挽救了孩子的生命。因此巴斯德更加坚定了从现实问题出发进行机理研究的决心。

四、基础科学，技术创新

巴斯德的研究方法既寻求对科学问题的基本理解，又对社会有直接应用价值，后人将这种方法称作“巴斯德象限”。

“巴斯德象限”代表由应用问题而激发的基础性研究，这种研究从应用问题入手，不仅重视解决应用中的实际问题，还注意寻求对事物的基本认识，是一种由特殊认识到一般性认识的研究过程，因此其基本认识的边界强度很强，考虑应用影响的程度也很强。

由于基础研究与应用研究之间的界限并不是十分明确，有的应用研究也是杰出的基础研究，因此，“巴斯德象限”以横轴“受应用考虑影响的程度”、纵轴“基本认识边界的程度”将平面分为 4 个象限，分别代表 4 种不同的研究范式。

巴斯德生前曾写过：无论我们的工作是否对人类有益，我们可以说，在我们所想达到的目标的行程中，我们已经尽了自己的力量。人们将会永远缅怀这位为人类医学进步而奋斗了一生的先驱者。

第十九章　罗伯特·科赫

罗伯特·科赫（Robert Koch），德国伟大的医学家，1905年诺贝尔生理学和医学奖获得者。他首次证明了一种特定的微生物是特定疾病的病原，确定了以其名字命名并沿用至今的“科赫法则”，并基于此思想发现了多种传染病的病原体，被称为“瘟疫的克星”“细菌学之父”。

一、志在四方

1843年12月11日，科赫出生在位于德国汉诺威的小城克劳斯塔尔。他的父母宽厚、慈爱，思想开明。父亲赫尔曼聪明能干，从一名普通矿工晋升为采矿公司主任，后来又担任过普鲁士政府的矿业顾问。母亲则是一个贤惠能干的女人，繁杂的家务被她安排得井井有条。

少年科赫对自然界充满了兴趣，他最喜欢的一件事是在晚上听父亲讲故事，尤其是父亲年轻时的旅行奇遇，并由此产生了对未知世界的向往。他顺利考进了克劳斯塔尔大学预科学校，并以优异的成绩毕业。1862 年夏，19 岁的科赫步入向往已久的哥廷根大学。

进入这所著名的高等学府后，科赫如鱼得水般地在知识的海洋中畅游，他每门功课的成绩都相当不错，尤其偏好昆虫、植物和动物的研究。虽然成为一名生物学家也很不错，但是对解决人类自身的迫切问题总是有一段距离，年仅 20 岁的科赫想起了他 8 岁那年因病不治而亡的牧师，最终决定把医学作为终生的奋斗方向。

入学第二年，科赫转入了哥廷根大学医学院。他如饥似渴地从教授们那里汲取知识，动手操作的实验课更使他获得了莫大的乐趣。为了练就熟练、准确的操作技能，他时常央求实验室管理员允许他进入实验室“加班”。这种自我严格要求的操作训练，为他日后从事细菌学的研究积累了扎实的基本功。

二、研究生涯

1866 年 1 月，他来到汉堡综合医院担任助理医生。一年半之后与埃米·弗拉茨小姐结婚，婚后育有一女。科赫一边靠行医维持全家的生活，一边进行他热爱的微生物研究工作。1870 年 7 月，普法战争爆发，科赫不顾自己眼睛近视志愿参加了医疗队，成为一名战地外科医生。在紧张的救治工作中，科赫获得了丰富的实践经验。

1. 发现炭疽杆菌

1875 年，他像往常一样去屠宰场收集牲口的血样。一天，他从病死的羊血液中发现了像细木棍似的小东西。随后的几个月，他都在观察这种标本，他发现每一例因炭疽病而死的牲口血液标本中都会发现这种奇怪的小东西，而在健康牲口的血液中却找不到。这使科赫相信，这些小东西就是炭疽病的病原——炭疽杆菌。为了证明这些小东西是有生命的有机体，科赫制订了一个缜密的研究计划：能看到它们生长、繁殖，引起炭疽病。最终科赫证明了炭疽杆菌是炭疽病的病原。科赫独自一人凭着粗糙的自制设备和自己摸索的研究方法，完成了一种细菌只能引起某种特定的疾病这项伟大的医学发现。随后科赫撰写了一篇名为《炭疽病病原学，论炭疽杆菌发育史》的论文，其成为医学史上的经典著作[40]。

2. 分离结核病细菌

1881 年 8 月，科赫参加了在伦敦召开的第一届国际医学会议。这次会议讨论了被称为“白色瘟疫”的严重传染病——肺结核病。他回到德国后就开始承担起研究肺结核的重任，并根据之前探索的细菌学研究工作的一系列指导原则，成功分离出了结核杆菌。而这个指导原则就是现在一直使用的“科赫法则”。

（1）引起某种特定疾病的病原微生物必须在这种疾病的所

有病例中查见，而在健康人中不存在；

（2）必须能将这种特殊的微生物进行体外分离培养而得到纯种；

（3）给健康的、易感的动物接种这种纯种微生物，能发生同样的疾病；

（4）从人工感染的实验动物体内仍可分离培养出这种特定的纯种微生物。

在当今的细菌学研究中，仍然必须遵守这些原则。2003 年，中国科学家开始研究造成 SARS 的病原体时贸然认定衣原体是罪魁祸首，后来做出这个判断的学者很羞愧地说自己忘记了用“科赫法则”来完成整个验证过程，从而做出了错误的判断，耽误了及时根据正确病原体认知而施治病人的机会，且失去了第一个发现这一冠状病毒的机会。

但“科赫法则”也存在一些例外的情况，如有些明显的健康人也可以是带菌或带病毒者，著名的“伤寒玛丽”就是其中一个例证；肆虐全球的新冠肺炎病毒也有类似的无症状情形；有的病原微生物迄今尚未能在体外人工培养出来。但是，对于大多数情况，这样的验证是基本步骤。

科赫通过在显微镜下研究死去的结核病人的结核组织发现了一种比炭疽杆菌小很多的陌生蓝色细菌。经过多次实验，他最终得出了“凡是在患结核病的人或动物身上都能找到这种蓝色的杆状菌，而在健康的人或动物身上却完全看不到它们”的结论。按照“科赫法则”完成了结核杆菌是结核病病原菌的鉴别与确定的研究工作。然而，他并没有停止对结核病的研究，冒着遭到细菌侵袭的危险再一次证明了结核病是通过呼吸道传播的。

1882 年 3 月 24 日晚，科赫在柏林生理学会的学术报告会上介绍了他对结核杆菌的研究工作情况，这一天也成为人类传染病历史上的转折点，它铺平了通向研究和控制疾病的新道路。1995 年，世界卫生组织为纪念科赫对结核病病原菌的发现，将每年的 3 月 24 日定为“世界防治结核病日”。

3. 擒拿霍乱弧菌

1883 年，埃及发生了霍乱大流行，科赫带领德国霍乱调查团明确了导致霍乱的元凶——霍乱弧菌，并查明了该菌的特性及流行特点，找到了霍乱交叉感染的途径和有效的控制方法。回国后，威廉一世皇帝授予他皇冠勋章，德国政府发给他 10 万马克的国家奖金。随着影响力越来越大，他促成德国通过了限制霍乱传播的新卫生条例，影响了国家政策。

4. 发现结核菌素

1890 年，科赫无意中对一星期前已注射过一次结核杆菌的豚鼠又注射了一次结核杆菌，豚鼠突然出现了强烈的反应，注射局部出现明显红肿，后来它被医学界称为“科赫现象”。这立即引起了科赫的注意，于是结核菌素就这样被发现了。结核菌素即被杀死的结核杆菌制成的液体，将极少量的结核菌素做皮下注射，结核病患者和健康人会出现不同反应，这可用于人类结核病的早期诊断。同时，结核菌素的发现推动了免疫疫苗的进一步发展[41]。

科赫曾赴南非帮助消灭牛瘟，到东非、印度孟买控制了淋巴结鼠疫。他一生的工作奠定了医用细菌学的基础，为人类征服炭疽、结核、霍乱、鼠疫等危害极大的传染性疾病做出了不可磨灭的贡献，被人们称为“瘟疫的克星”。

另外，科赫还在细菌学技术方法的创造和改进方面取得了很大的成绩。他创用的显微摄影术、固体培养基、分离培养技术和染色法等微生物学新技术与新方法，带动了一大批医学家和生物学家深入研究各种传染病的病原体。在 19 世纪的最后 20 年中，大多数传染病的病原体几乎都被查明并分离培养成功，科赫在其中起到了关键性推动作用。

三、早期诺贝尔奖得主

1905 年 10 月，诺贝尔生理学和医学奖被授予科赫，以表彰他在结核病方面所做的杰出工作。那时，科赫还在非洲的达累斯萨拉姆研究几种热带病。回到柏林后，62 岁的他看到了登载在报纸头版头条的授奖公告。一个多月后，他又收到了来自瑞典的获奖通知书。尽管科赫对荣誉一直比较淡漠，但这次却不同，是国际学术界的最高奖赏。他按时从柏林赶到斯德哥尔摩出席了这次盛会。自大学毕业的 40 年来，科赫经历了许多艰难险阻，其在学术上的成就终于被全世界认可。

1910 年 5 月 27 日，科赫因心力衰竭与世长辞，享年 67 岁。按照他的遗嘱，他的骨灰被安放在柏林传染病研究所。

纵观科赫的一生，可谓创造力旺盛，他对每个问题的高度理解力、解决问题的创造力、克服困难的巨大勇气和持之以恒的毅力，都是促使他成为一名优秀科学家必不可少的素质。之所以能取得如此巨大的成就，正是得益于他所具有的许多优良品性。而其他的良好品质，如节俭、谨慎、令人难以置信地热爱工作，都得益于他良好的家庭环境。科赫用自己的聪慧与辛劳换来了世界上成千上万病人的康复。

第二十章　尼古拉·特斯拉

“特斯拉”这个名字对于科学王国之外的人来说，也许仅仅是一个酷炫的电车品牌，殊不知这一品牌名正是来自那个站在科学之巅的人——尼古拉·特斯拉。整个科学界一直有着这样一种普遍认知：人类历史上曾经存在过两个旷世奇才——列奥纳多·达·芬奇和尼古拉·特斯拉[42]。特斯拉是一位塞尔维亚裔美籍发明家、物理学家、机械工程师、电气工程师，精通塞尔维亚语、英语、捷克语、德语、法语、匈牙利语、意大利语和拉丁语八种语言，在科学和工程学领域创造了大约 1000 项发明。没有他，交流发电机、交流电传输、水电站、无线电、电话、收音机、雷达、X 光摄影、太阳能发电等可能不会出现或延迟出现。可以说，当今世界的科学发明体系仍然建立在特斯拉留下的遗产之上。除了在科学上卓有建树，他还是一名诗人、哲学家、音乐鉴赏家、养鸽专家、语言学家、阿育吠陀专家。既然尼古拉·特斯拉的科学地位如此显赫，甚至整个科学界都为他臣服，那为何他并未声名大噪，家喻户晓，似乎被“遗忘”了？他究竟是一个什么样的天才？为何只在科学界里稳坐神坛呢？

一、神人还是怪人？

人类似乎总爱为超乎自己想象与常识的人与物披上一层神秘色彩，因为尼古拉·特斯拉不凡的科学成就以及一些预言，有人说他是最接近神的人，也有人说他是个怪人。实则两者皆否，他只是一个天才。天才从“出厂配置”就与我等“凡人”不同。尼古拉·特斯拉 1856 年 7 月 9 日出生在原南斯拉夫的克罗地亚农村，家族是塞尔维亚人，父亲是一名牧师，母亲是一名发明家。特斯拉幼儿时代就展示出了他的过人智力：一般 3 岁小孩对世界仅仅停留在“好奇”阶段，而小特斯拉却已进入了“动手”阶段，他本能地把对世界的好奇转向亲自动手的感知，比如拆卸他祖父的钟表和家里的家具，跑到田地里进行实验，甚至在 5 岁时做出了一台没有叶片的水车。

可能是天才本身就带有自己的偏执，也可能是特斯拉早已超出了同龄人的思考维度，异常聪明的特斯拉性格中也有着科学家的“古怪”。他必须一个人吃饭，从来不碰别人的头发，一点点樟脑的味道就能把他熏晕。他还有一种计算上的“强迫症”，走路一定要计算步数，喝汤要计算喝了几勺。如果遇到强光，他的眼前就会出现许多幻境……据特斯拉回忆，幼年时期，他曾被自己“太过真实的想象力”困扰，四处求医无果后，他坦然接受了自己的特殊能力。这一能力在特斯拉之后的科学生涯里起到了巨大的作用，这种如梦如幻般的想象力和记忆力，使他的发明得益良多。“17 岁后，我就开始把全部精力投入发明创造上。而我惊喜地发现，我可以充分利用自己这种罕见的能力进行想象。我完全不需要任何模型、图纸或者实验，就可以在脑海中把所有的细节绘制出来。因此，我认为自己已经在不知不觉中发展了一种崭新的发明理念和思路，并与纯粹的实验理论形成鲜明的对比，而且在我看来，我的方法更快捷、更高效”，特斯拉回忆道。

在格拉茨理工学校学习时，特斯拉对他的老师珀施尔教授说，没有电刷，也可以让电机运转。当时珀施尔教授认为他的想法不可能实现。毕业后，特斯拉利用在巴黎工作的空余时间，组装了一台简易的电机，这台电机在没有滑动触点和整流器的情况下，靠不同相位的交流电让电机转动了起来，这和他在学校期间的设想完全一致。于是特斯拉更坚定了自己研究的方向。接着他远赴美国。1880 年，特斯拉毕业于布拉格大学。1884 年，特斯拉移民美国，成为美国公民，并获取耶鲁大学及哥伦比亚大学名誉博士学位。

二、科学巨匠的较量

特斯拉与爱迪生，人们除了对这两位伟人的科学发明十分感兴趣，对这两个科学巨匠的微妙关系也非常关心。1884 年，特斯拉第一次踏上了美国国土，经自己的老雇主查尔斯·巴奇勒的推荐，来到爱迪生的公司工作，因其不俗的工作能力，仅仅几周就赢得了老板爱迪生的赏识，但最终两人还是分道扬镳。

由于敏捷的思维与天赋，特斯拉在工作过程中习惯先在脑海中构建好整个实验流程和框架，再进行实验，反观爱迪生一根灯丝要实验 1 万多次来寻找灯丝材料的行为，特斯拉发现自己和爱迪生在思维方向上完全相反。二人关系破裂的导火索在于爱迪生一个所谓的“美国式幽默”的玩笑。爱迪生曾承诺特斯拉，如果他完成马达和发电机的改进工作，他将提供给特斯拉惊人的 5 万美元酬劳，相当于今天的 100 万美元。作为一个有发明欲望和创作精神的年轻人，这笔资金对特斯拉来说至关重要，为了这项工作，特斯拉持续研究和实验了一年，几乎对整个发电机进行了重新设计，使爱迪生公司从中获得了巨大的利润和新的专利所有权。但当特斯拉要求爱迪生兑现承诺时，爱迪生却回答道：“你好像不懂美国人的幽默”，就此违背了自己的诺言。这笔奖金的金额相当于公司创始资本，而以特斯拉当时每周 18 美元的薪水，他需要工作 53 年才能赚到。当特斯拉要求加薪至每周 25 美元遭拒后，他毅然选择了辞职。

除了这一导火索，特斯拉与爱迪生的研究方向也不同，二人最本质的矛盾在于直流电与交流电。1882 年，在白炽灯彻底获得市场认可后，爱迪生创办的电气公司开始建立电网，输送直流电。特斯拉一心想研发制造交流电的设备，当他向爱迪生提出这个建议时，却没有得到爱迪生的认可。特斯拉离开爱迪生的公司后，在企业家布朗的帮助下，于1887年成立了特斯拉电气公司（TESLA Electric Co.），仅半年的时间特斯拉就研制出2台交流感应电动机送交美国专利局，并迅速引起轰动。1888年，特斯拉与威斯汀豪斯电气公司达成协议，大规模制造交流发电机，交流电开始在照明和动力领域得到应用。交/直流电之争，也可说是特斯拉与爱迪生之争，并持续了长达20年之久。

三、被排挤的天才

除了在交流电领域的突出贡献外，特斯拉的研究领域还包括X射线和宇宙射线、电真空原理、电振荡和射频、电能的无限输送，同时他为首枚原子弹的研制立下了汗马功劳。他还比马可尼更早提出无线电通信的概念并进行了实验演示[43]。但特斯拉的发明创造撼动了太多人的利益。

爱迪生钟爱自己的直流电发明，更加先进的交流电供电系统危害到了爱迪生的商业利益，因而爱迪生与一些公司联合对特斯拉进行打压。“我个人的意见是废止所有的交流电的应用，因为它们不但不必要，而且非常危险”，爱迪生让雇员在公共场所用交流电电死大型动物，向公众渲染交流电的危险。“西屋公司的产品可以在6个月里杀死他们的顾客，无论你的块头有多大”，当时一股财团势力要挟特斯拉放弃此项专利权，并意图独占牟利。经过多番交涉，特斯拉决定放弃交流电的专利权（每马力2.53美元），条件是交流电的专利将永久公开。他撕掉了交流电的专利，损失了收取版税的权利。从此交流电再没有专利，成为一样免费的发明，若非如此，特斯拉肯定会是世界上最富有的人。

金融寡头J. P. 摩根曾经支持特斯拉建设沃登克里弗塔，但他看中的是商机，目的是希望特斯拉将这座塔建成以让他进行无线电通信。但意大利人马可尼抢先做到了跨大西洋无线电通信，无线电的专利也被错判给了马可尼，这种损害商业利益的行为让摩根很生气，他停止了对特斯拉的资助，让沃登克里弗塔只建了一半便成了烂尾楼，同时也使特斯拉负债累累，成为当时媒体嘲弄的对象。为了进一步报复，摩根利用自己在政经界的巨大影响力，让美国所有课本都删除了特斯拉的名字和事迹，这一举动的影响一直持续到了今天。

同时，特斯拉的发明创造更重视实践，并不重视理论依据，有时是一种直觉引领着他的发明创造。他往往是先有了成果，再找其原理。虽然他有时对原理的解释是不正确的，但这并不妨碍他进行发明。他不同意爱因斯坦的理论，与新兴的量子物理学格格不入，因此当时的“正统”科学界都不喜欢他，常常贬斥他，不承认他的成就，这在当时社会对特斯拉的声誉造成了很大影响。而且当时特斯拉的设想都太过超前，人们认为他是一个不切实际的、怪诞的家伙。特斯拉一生无妻无子、债务缠身，由于晚年际遇坎坷，特斯拉变得有些孤僻怪异，整日精神恍惚，与鸽子为伍。1943 年 1 月 7 日，特斯拉在孤独中辞世，享年 86 岁。由于当时正值“二战”，几乎无人注意。战后的世界天翻地覆，人们似乎忘记了这位科学的先行者。

四、满载荣耀，王者归来

1943 年，美国最高法院裁定特斯拉为无线电的发明者。特斯拉的名望在 20 世纪 90 年代上演了一出王者归来。在 1990 年 7 月 10 日一次美国国会会议中，10 多名美国参议员借此纪念特斯拉 134 周年生辰之外，更表扬他在电力学上的贡献和他如何改变了人类对发电概念的认识。甚至在这次国会会议中，特斯拉被称誉为比爱迪生（直流电的发明者）更伟大的科学家。1996 年，科拉姆发表了一篇木星上的等离子环形圆纹曲面信号分析，当中指出了科罗拉多的火星沉落，和特斯拉在 1889 年夏季的木星信号中止一致。1997 年，一位名叫格雷戈里·比肖普的科学家发表了题为《尼古拉·特斯拉的地震机器》的论文，论文中称，如果利用特斯拉的共振原理和机械原理，很多大型建筑物和桥梁可以免遭强烈地震摧毁。他说，过去人们把特斯拉的设计当作笑料，但现在是完全可以实现的。2005 年，经由公众投票，特斯拉被电视节目《最伟大的美国人》列为前一百名。2011 年 5 月 9 日，通用电气对近 900 名即将毕业的英国工程学大学生进行调查，评出十大工程学人物，尼古拉·特斯拉排名第4。2013年1月7日是塞尔维亚东正教的圣诞节，也是塞尔维亚裔科学家尼古拉·特斯拉逝世70周年纪念日。塞尔维亚各大媒体跟踪报道了在美国纽约举行的“纪念尼古拉·特斯拉逝世70周年”活动的盛况，贝尔格莱德的尼古拉·特斯拉博物馆及图书网站推出了介绍尼古拉·特斯拉生平的新书《被埋没了的天才》。塞尔维亚前外长、曾任联合国大会主席的耶雷米奇称特斯拉是世界上“连接过去和现实的桥梁”，是塞尔维亚民族的骄傲。

真正的伟人可能会被时代遗忘，但不会被历史的长河遗弃。特斯拉把一生都奉献给了科学，他的科学成果也会在后人的运用和印证中继续发光发热，照亮他的人生。

第二十一章　斯里尼瓦瑟·拉马努金

斯里尼瓦瑟·拉马努金，英国皇家学会会员，印度历史上最著名的数学家之一，被誉为印度千年来最伟大的数学家，1997 年《拉马努金》期刊创刊，用以发表“受到拉马努金影响的数学领域”的研究论文。

“尊敬的先生，谨自我介绍如下：我是马德拉斯港务信托处的一个职员……我未能按常规念完大学的正规课程，但我在开辟自己的路……本地的数学家说我的结果是‘惊人的’……如果您认为这些内容是有价值的话，请您发表它们……”，平平常常的日子里，大数学家哈代收到了这样开头的一封信，此时他并不知道，正是这样一封小职员写给大数学家的信件将在 20 世纪留下不可磨灭的印记，并开启一段传奇瑰丽的篇章，直至今日还发挥着神奇的力量……

这封信的作者拉马努金 1887 年出生于印度东南部泰米尔纳德邦埃罗德县的一个婆罗门家庭，那时的印度盛行着种姓制度：

婆罗门是最高的一层，虽然只占印度总人口数的5%，但他们是最受尊敬的印度教人物；刹帝利是武士阶级，主管军政；吠舍是从事工商业的一般老百姓；首陀罗是用人和工匠，是最低的阶级。虽然拉马努金所出生的婆罗门家庭已逐渐没落，但该做哪些或不该做哪些，拉马努金学起来还是像学走路一样自然，例如对日常生活细节的一丝不苟：饮水时要举起杯子朝嘴里倒而绝对不能碰到嘴唇；用完餐后要仪式般地将水浇到双手上清洗；洗澡要在圣河里，耳朵、眼睛、鼻子要洗得格外干净。除此之外，作为忠实的印度教教徒，只食素食，不沾荤腥，贯穿了拉马努金的一生。

一、上下求索

拉马努金未受过正统的高等数学教育，小时候家里来了两个大学生房客，拉马努金便跟着他们学习数学知识。一年之后，拉马努金就达到了这两个大学生的数学水平，此时的他年仅11岁。拉马努金又找来了一本《高等三角学》，大致相当于高等数学的难度，他如痴如醉地阅读之后逐渐掌握了书里的知识，此时他年仅13岁。后来他的好朋友借给他一本英国数学家卡尔写的《纯粹数学与应用数学概要》，这本书包含了5000多个公式，大部分没有证明过程，内容包括代数、微积分、解析几何和三角学。一般人恐怕早已将如此深奥、晦涩、枯燥无味的书束之高阁，可拉马努金却偏偏情有独钟。他把每一个公式都当作一个神圣的课题来证明和研究，5000 多个公式，可想而知需要多么大的精力。拉马努金花费了 5 年的时间，每天抱着书推导公式，2000 多个日日夜夜，从 15 岁到 20 岁，500 多页的演算纸，终于如愿以偿取得了成果。这段时间的积累也为拉马努金日后的研究奠定了基础。

以优异的成绩从贡伯戈纳姆高中毕业之后，拉马努金踏入了当地著名的贡伯戈纳姆学院，“在一个领域有多成功，在其他领域就可能有多糟糕”，这句话在拉马努金身上得到了证实。好景不长，过于痴迷数学导致拉马努金无心学习其他科目，频频挂科、无缘奖学金的同时还被学校开除，迫于无奈，才 18 岁的他离家出走 3 个月，可以想象当时的拉马努金心情是多么沮丧。所幸的是，时隔一年之后，拉马努金被帕凯亚帕学院录取，再次迈入大学校门。但命运再次开了个玩笑，拉马努金 5 门文科课程两度挂科，还是没能逃脱被开除的惩罚。从此之后，拉马努金与现实妥协，凭借超凡的数学能力找到了一份家教的工作，闲下来时就去图书馆翻阅数学书籍，如饥似渴地汲取知识，并把所思所想记录在自己的本子上。

经朋友介绍，拉马努金结识了一位颇有财力的政府官员拉奥，这二位的相识恰恰是因为这位官员喜爱数学，也喜爱结交数学界的朋友。与拉马努金一番交谈之后，拉奥很是敬佩，顿觉拉马努金绝非凡夫俗子，心中欢喜之余，竟许诺：“您今后只需要专心研究数学，其他琐事不必忧虑。”拉奥决定给拉马努金资助一些钱，可以只挂名而不需要做实际工作。也许这就是知识的魅力，拉马努金接受了这样的“捐赠”，在此后很长一段时间里，他专心致志地研究学问。拉马努金与拉奥之间真诚无私的交往浇灌出了人类文明的智慧果实，也成就了科学史上的一段佳话。

二、伟大转折

以拉马努金的聪明才智加上超乎常人的毅力，没过几年，他就研究出了很多数学成果，他兴奋地发表在国内的数学刊物上，渴望得到回应。但遗憾的是，由于拉马努金的研究成果水平过高，甚至超过了国内数学界的理解能力，没人明白这一个个、一行行、一堆堆数学语言究竟是什么意思。就在拉马努金愁闷之际，好友艾亚尔献出了“锦囊妙计”：把研究成果寄给英国著名数学家。拉马努金不知道这个方法能否奏效，半信半疑地打包好自己的“心肝宝贝”，邮寄给一些著名数学家，随后就开始满怀希望地等待，但最终都石沉大海。拉马努金难过之际，打算再做最后一次尝试就罢手。

这一次，他瞄准了数学家哈代。哈代是当时著名的数学家，在级数与积分、不等式等方面有很高的造诣。不仅如此，他的人品如同他的学问一样受到赞誉，哈代富有正义感，痛恨战争，也是我国著名数学家华罗庚的老师，算起来，拉马努金和华罗庚师出同门，是小师弟，这都是后话。于是有了开篇的信件，哈

代读着这封信，起初也没当回事，毕竟自己经常收到慕名而来的信件，心想保不准是哪个自以为是的小糊涂蛋。但本着严谨务实的态度，哈代还是研究了一下，这一看不要紧，他出乎意料地发现一些公式竟然同自己未发表的成果如出一辙。继续研究下去，哈代发现信里面的一些公式自己也证明不出来，这可令哈代丈二和尚摸不着头脑，他便找来同事李特尔伍德一起研究。经过一番思考，二人得出结论：这封信看似杂乱无章却大有门道，作者绝对是个数学天才。哈代抑制不住内心的兴奋，立即着手回信邀请拉马努金来英国剑桥一起研究数学。远在印度的拉马努金收到信后自然是大喜过望，但彼时他却犹豫起来：我身为婆罗门教的信徒，离开印度可是教义所不允许的。但另一边，哈代极力劝说拉马努金，并积极出面争取奖学金，拉马努金终于下定决心前往英国，也许只有处于上帝视角的我们才知道这个决定的意义有多重大。

三、神秘直觉

见面后，哈代与拉马努金进行了一番亲切热情的交流，哈代惊讶于没有接受过正规高等教育、知识视野如此匮乏的拉马努金竟能写出如此深奥的数学公式，于是便询问他是如何做到的，拉马努金回答是印度教女神常常给自己托梦，第二天醒来他就会写下女神说的数学公式。哈代惊讶无比，又问拉马努金能否证明这些公式，拉马努金说：“我无法证明这些公式，但是我知道这些公式绝对正确。”[44]

极具反抗精神的哈代敏锐地感觉到面前的小伙子需要特殊人才特殊对待，便对拉马努金进行了独特的安排：不需要同其他学生一样学习，每天只需安心写公式，至于证明则由哈代自己来做。几年间，拉马努金写出了几百个公式。有一天，拉马努金写出来一个奇怪的公式，连顶尖的数学家也不明白这是什么意思，直到100年后，一群研究黑洞的物理学家发现这个公式能完美地描述黑洞中心奇点的各种行为，这个公式也被称为黑洞公式。可奇怪的是，拉马努金生活的时代对黑洞还一无所知，甚至都不知道黑洞的存在，拉马努金又是如何写出来的呢?这恐怕会是一个永远的谜团。

大数学家哈代后来说道：“这世界上没有第二个人具有这种能力，别人是在研究数学，而拉马努金创造数学”，并把与拉马努金的相识称为“一段浪漫的经历”[45]。哈代在一份评分表中为拉马努金的天赋打了满分 100 分，同时代者无人出其右，哈代的自评仅为 25 分。

四、身后遐想

正如开篇所言，宗教上严格的素食习惯、水土不服以及战争期间物资紧缺造成的营养不良最终摧垮了拉马努金的身体。拉马努金英年早逝，年仅 33 岁，令人唏嘘不已。

拉马努金用一生的时间为人类留下 3900 多个公式及命题，

其论文中的秘密在其去世后的几十年间仍被源源不断地挖掘出来。比利时数学家德利涅仅研究证明了其中一个猜想，就于 1978 年获得了数学界最著名的奖项——菲尔兹奖。直到今天，这些被发现的定理仍旧应用在拉马努金生前完全想象不到的领域，例如密码技术、空间技术、粒子物理、计算机科学等。

我们不禁会想，是不是涌泉般的灵感干涸了他的身体？抑或是发现了太多科学机密而被上天“召回”？联想到我国历史上也不乏英年早逝的才子佳人，如写出流传千古《滕王阁序》的王勃、写出《雁门太守行》等不朽名作的“诗鬼”李贺。或许在另一个地方，“拉马努金们”依然在续写着他们的传奇。

第二十二章　汤飞凡

也许很多人对汤飞凡这个名字感到陌生，也鲜有人知晓他的事迹，但他对中国疫苗事业的贡献却是巨大的：他生产出了世界上第一支斑疹伤寒疫苗和中国第一支青霉素、狂犬疫苗、白喉疫苗和牛痘疫苗；他用自己的眼睛做实验，发现并分离出沙眼衣原体，将沙眼发病率从95%降至不到10%，并获国际沙眼防治组织追赠颁发的“沙眼金质奖章”；他用两个月的时间研制出了遏制1950年华北大范围鼠疫的黄热病疫苗；他在简陋的实验环境中研制出了优质牛痘疫苗，为中国比世界早16年消灭天花奠定了坚实的基础。汤飞凡在微生物领域取得了世界级的成就，也是中国免疫学奠基人，被誉为“东方巴斯德”“中国疫苗之父”“衣原体之父”，曾是最有希望获得诺贝尔奖的中国人，这样功勋无数的科学巨人怎会在历史长河中被遗忘呢?

一、学医救国，立志高远

年幼时，汤飞凡家道中落，但仍饱含志气，品学兼优。在当地义塾上学时，汤飞凡耳濡目染了“师夷长技、振兴中华”这些先进思想，加之时局动荡，民不聊生，家乡百姓贫病交加，因此他怀揣学医救国的理想，立志于悬壶济世、一雪“东亚病夫”之耻，为挽救民族危亡而奋斗终生。1914 年，17 岁的汤飞凡毫不犹豫地离开甲种工业学校，放弃了一技之长，报考了由耶鲁外国传教会派遣的宣教士、教育家胡美博士和颜福庆联合创建的长沙湘雅医学院。这所学校对学生的英语水平有所要求，但从未学习过英语的汤飞凡并未气馁，用自己的决心和勇气感动了胡美博士，暂免英语考试入学。汤飞凡在老师颜福庆的帮助下发愤图强，在一年的时间内，他几乎翻烂了一本英文字典。他的英语水平得到快速提升，最终克服了语言障碍。所谓“有志者事竟成”，汤飞凡正式成为湘雅医学院的首批学生。

湘雅医学院治学严谨，淘汰率极高，经过 7 年的学习，仅有 10 人于 1921 年顺利毕业，汤飞凡便是其中之一，并最终获得耶鲁大学医学博士学位。学成之后，身边的亲朋好友劝他开业行医，可是他却说：“当医生，一辈子能救多少人？如果发明预防疾病的方法，就可以让亿万人不再患上传染病。”所以他申请到协和医学院细菌系研究细菌学和传染病。那时恰逢世界微生物学发展的黄金时代，巴斯德（Pasteur）和科赫（Koch）是最具代表性的细菌学和传染病学专家，科赫的学生北里柴三郎发现了鼠疫和破伤风的致病菌，被称为“东方科赫”。年轻气盛的汤飞凡曾言：“日本能出东方的科赫，中国为什么不能出东方的巴斯德?”于是在协和医学院求学期间，汤飞凡出国前往哈佛大学进修，继续钻研细菌学和传染病。

在哈佛大学进修 3 年后，汤飞凡收到任教于湘雅医学院的恩师颜福庆的信件，信中并没有提及任何名利诱惑，只是说明了当时中国医学界的现实困难，邀请他回国共谋中国医学教育大业。当时支离破碎的祖国亟待医学的发展，汤飞凡毅然决然地放弃留在哈佛的决定，于 1929 年春回到上海，担任中央大学医学院细菌学副教授，开启了他为中国医学细菌学、病毒学和免疫学等领域不断奋斗的一生，完成了很多具有国际领先水平的开创性工作。

二、敢于质疑，相信科学结论

汤飞凡在探索科学真理的路上严谨而勇敢。在 20 世纪中早期，沙眼病在全世界范围内十分流行，特别是在中国，有超过 50% 的人患有沙眼病，部分农村地区更是高达 80% 以上，即“十眼九沙”，因此沙眼病防治工作亟待发展和突破。1928 年，一位名叫野口英世的日本科学家从沙眼材料中分离出颗粒杆菌，并发表了科研论文，声称发现了沙眼的病原菌，一时之间在全世界引起了巨大的轰动。汤飞凡在仔细研究了野口英世的科研论文后，对他的医学理论和研究结论产生了质疑。1930 年，汤飞凡在上海新建的医学实验室严格地按照野口英世的实验流程进行反复试验，前后历时 7 个月，在 24 个典型沙眼病例中仅有一次出现了野口英世提出的“颗粒杆菌”，他又用这株菌接种家兔和猴子，均未出现沙眼症状。汤飞凡这一发现引发了日本细菌学家的强烈反对。虽置于舆论的风口浪尖，但他仍相信自己的科学发现，不为大势所动，坚持用科学事实说话。在接下来的 3 年时间里，汤飞凡运用严谨的研究理论和严格的实验流程，对沙眼病原菌进行了系统性研究，并于 1935 年正式发表了科研论文，彻底推翻了野口英世的实验结论，说明颗粒杆菌不是沙眼病原体。这一学说获得了国际科学界的高度认可，而那位被日本人高度赞誉为“国宝”的细菌学家、生物学家的野口英世最终消失在日本细菌学的教材中[46]。

三、怀揣一颗济世心，行走在战乱前线

为了尽快攻克沙眼病，找到沙眼病原体，汤飞凡前往英国进行了两年的进修。1937 年，汤飞凡离开英国准备回到上海实验室继续研究沙眼病原体。而这时国内爆发了抗日战争，战乱的炮火蔓延全国。1937 年 8 月 13 日，淞沪战役爆发后，本可在上海租界内安心从事研究工作的汤飞凡已经无心科研，他深知：国家一旦支离破碎，国人成为亡国奴，再好的科研也不再有任何意义。于是，汤飞凡和妻子毅然走上战争前线，加入医疗救护队。在日本人炮火的猛烈攻击下，汤飞凡所在的救援所数次差点被击中，但汤飞凡仍临危不惧，冒着生命危险抢救伤员，保持着乐观的心态，并自嘲起身高来：“我干这个最合适，因为

我目标小，炮火打不中我。”

战争期间，瘟疫猖獗，防疫工作成为当务之急。汤飞凡临危受命，挺身而出，带领刚刚重建好的中央防疫处研制出了临床级的青霉素，以供前线急需。抗日战争期间，汤飞凡负责的中央防疫处生产出了大量的疫苗和血清，满足了战时防疫需要，也成为“二战”盟军在亚洲地区最重要的防疫供给中心。1943年，《自然》杂志曾撰文介绍了中央防疫处，英国科学家李约瑟惊叹于汤飞凡研制青霉素的生产车间：没有自来水，锅炉又破又旧；回收设备是一只破木船，放在湖里进行透析；缺少胃霉，就从猪的胃里进行提取。汤飞凡用自己高超的医术和疫苗挽救了无数战士的生命，也对拯救中国做出了不可磨灭的贡献。李约瑟曾评论汤飞凡说：在中国，汤飞凡将永远不会被忘记。

四、老骥伏枥，科研梦想终不已

新中国成立后，汤飞凡采用乙醚杀菌法在极其简陋的实验环境下迅速增加了牛痘疫苗的产量。到 1949 年底，其日产量超过了 10 万支。20 世纪 50 年代，中国实现了普种牛痘，1961 年彻底消灭了天花，汤飞凡为中国早于世界 16 年全面消灭天花做出了卓越的贡献。

1954 年，汤飞凡决定继续他未完成的梦想——重新进行沙眼病研究，分离出沙眼病原体。虽然当时的科研环境简陋，但是他矢志不渝、坚定前行，因为这是他毕生的“战役”。这一年，汤飞凡已经57岁了。为了保证研究的严谨性和科学性，汤飞凡决定与北京同仁医院眼科专家张晓楼合作，在整整一年的时间内，他每个星期都与科研助手一起到医院沙眼病门诊工作半日，共采集到200例沙眼病例样品。正是由于他孜孜不倦地投身于科研一线，才在48例病例样品中找到包涵体，逐渐搞清了沙眼病程，并且成功建立了全世界第一个沙眼的动物模型——恒河猴沙眼病模型。

汤飞凡一直希望能够成功地分离出沙眼病原体，但直到此时，全世界并未有任何细菌学专家能够实现这个目标。他借鉴了日本学者荒川和北村的实验方法，试图从接种了沙眼样本的小鼠体内分离出沙眼病原体，但经过上千次实验，均以失败告终。汤飞凡并没有因此放弃，而是越挫越有干劲，他用鸡卵黄囊替代了之前的实验材料，认真分析了影响实验结果的因素，通过增加青霉素来抑制杂菌，1956年8月10日，汤飞凡与助手在进行第八次分离实验时成功分离出世界上第一株沙眼病原体，被命名为TE8，T表示沙眼（Trachoma），E表示鸡卵（Egg），8是第8次实验，也被称为“汤氏病毒”（Tang's virus）。虽然分离实验的成功是可喜的，但并不能排除其他偶然因素，因此汤飞凡并未被胜利冲昏头脑，不急于发表论文，向全世界公布这一喜讯，而是又经过一年的时间，不断改进实验方法，提高分离实验的成功率，直至达到科赫定律的要求。汤飞凡于1956年10月才正式发表了学术研究论文，这一关键性突破立马在国际科学界引起了巨大的反响，但也带来了很多质疑：此研究成果并不能证明人类沙眼是由这些病原体引发的。

针对质疑，汤飞凡做出了一个令人震惊的决定：用自己来做实验。他让助手将分离出的沙眼病原体注射到自己的眼睛里，很快他的眼睛就肿得像核桃，出现了明显的沙眼病症。为了能够让自己的研究成果具有权威性，在出现沙眼病后的40天内，他不采取任何治疗措施，从而收集到了可靠的临床数据，最终证明了TE8对人类的致病性。后来，不同国家的科学家们陆续验证了汤飞凡的实验结果。1970年，国际上将沙眼病原体命名为衣原体，而汤飞凡也被誉为“衣原体之父”[47]。

五、壮志未酬，受辱自尽

正当汤飞凡对沙眼病治疗的研究工作取得了前所未有的进展时，却因家庭出身问题倒在了1958年中国爆发的“拔白旗、插红旗”运动中。在特殊的时代背景下，汤飞凡被冠以“资产阶级学术权威”“国民党反动派的忠实走狗”“把沙眼病毒送给外国人的卖国贼”等罪名，甚至有人污蔑他与实验室的女同志存在不正当关系。1958年9月30日凌晨，一向正直刚毅的汤飞凡不堪受辱，选择以自尽的方式证明清白，体面离世。

1981年，国际眼科防治组织（IOAT）决定在第25届国际眼科学大会上将沙眼金质奖章颁发给汤飞凡，以表彰他在沙眼病原体研究和鉴定中的杰出贡献。但此时，汤飞凡早已不在人世，与他合作的张晓楼包揽了本该属于汤飞凡的所有荣誉，就连沙眼金质奖章也仅刻上了“张晓楼”的名字，而汤飞凡这个名字却逐渐被国人淡忘。直至 1986 年，汤飞凡的妻子与学生为讨回公道写了一封信到 IOAT，4 个月后，国际眼科防治组织正式回应：沙眼金质奖章是授予汤飞凡的，并重新制作了一枚只刻有“汤飞凡”名字的奖章。1992 年，国家发行的中国现代科学家（第三组）邮票中，有一枚上印有汤飞凡先生的照片，至此，汤先生的冤屈被洗刷干净，终留清白在人间。

“汤飞凡若在，何至如此”，这是 2003 年“非典”肆虐时，一位卫生部的老干部在接受记者采访时发出的叹息。虽时光荏苒，但无双国士更应被铭记。唯愿汤先生之精神，国人能学之、敬之、传之，用榜样的力量激励吾辈前行。

第二十三章　华西里·里昂惕夫

华西里·里昂惕夫，美国经济学家，第 5 届诺贝尔经济学奖获得者。1928 年获得德国柏林大学哲学博士学位，曾先后在德国基尔大学世界经济研究所、美国经济研究局、哈佛大学、纽约大学从事教学和科研工作，担任过国民党政府铁道顾问、美国经济学会会长等职。1973 年，由于他提出的投入产出法为经济学做出了“独一无二、无与伦比”的贡献，他被授予诺贝尔经济学奖。

他所提出的投入产出理论体系是一座连接经济理论与经济事实的桥梁，具有划时代的意义。这一方法在经济核算中发挥着不可替代的作用，如今，小到一家企业，大到一个国家甚至整个世界都利用此模型编制了各自的投入产出平衡表，以此来进行经济分析和预测。

一、天资聪颖，年轻有为

里昂惕夫是美籍俄裔经济学家，在俄国度过了他的童年和青年时光，后来移居美国，并在那里完成了对投入产出法的主要研究。里昂惕夫的祖辈曾经在圣彼得堡从事商业贸易，与祖上经商传统不一样的是，他的父亲瓦西里·瓦西里维奇·里昂惕夫（Wassily Wassilyevich Leontief）对政治经济学表现出了浓厚的兴趣并选择出国留学。在法国学习期间，他父亲认识了一位俄罗斯高等学校的审计员，并被她的聪慧大方吸引。1905 年，这位美丽的女士成了他的妻子，婚后他们搬到了慕尼黑。1906 年，他父亲获得慕尼黑大学政治经济学博士学位。也是在这一年，未来的诺贝尔经济学奖得主小里昂惕夫出生了。

在父母的影响下，里昂惕夫从小就表现出了对语言的热爱，毕业时他已经能够熟练地使用德语、法语和英语，并阅读了大量的国内外文献。1921 年，里昂惕夫进入圣彼得堡大学经济学系，天资聪颖的他在入学第一年就承担了许多科研项目，并发表了一篇关于社会再生产公式的分析报告。优异的表现使他得以在毕业后留任该校担任助教，在此期间，他对社会学、哲学、经济学等领域都有所研究和建树。里昂惕夫参加了苏联 20 世纪 20 年代中央统计局编制国民经济平衡表的工作，受苏联的计划平衡思想的影响，1925 年他发表了自己的第一篇论文《苏联经济平衡：苏联经济增长战略的基础》（*The Balance of the Economy of the USSR*，*in*：*Foundations of Soviet Strategy for Economic Growth*），他在这篇文章里第一次提出了投入产出这个概念，并指出了人们长期以来的一个错误认知：我们也许会理所当然地认为一个国家的产出应该包括这个国家所有活动部门的产出，然而这却犯了“重复计数”的错误。

二、敢于质疑，挑战权威

1925 年，里昂惕夫的第一篇作品发表以后，为了寻求研究上的进一步突破，他从俄国搬到了当时的学术活动中心——德国柏林。他在柏林大学攻读博士学位期间，也在德国基尔大学的世界经济研究所工作。在研究所的 3 年，他对宏观经济学理论进行了研究，后来宏观经济学家所使用的博弈模型就源于里昂惕夫的工资谈判模型。

里昂惕夫的研究让他成为经济学的中流砥柱，并跻身美国杰出经济学家行列。但他早期的理论研究，却是从质疑主流观点、挑战学术权威开始的。他认为传统的经济学理论逻辑严密、论证清晰，但是缺乏经济事实和数据支撑。他指出，凯恩斯低估了投资的重要性，认为投资应该是一种富有成效的投入，而不仅仅是一种需求。不仅如此，他对计量经济学的理论也持怀疑态度，并对时间序列分析进行了尖锐的批判，认为这种分析是一种缺乏理论和事实基础的测量。里昂惕夫的这些观点偏离了新古典主义经济学的主张，他也因此被称为“新古典主义中的可怕青年”。

里昂惕夫主张，理论不能只是逻辑上的推理，还需要立足并服务于现实经济，经济概念应该是能够被观察和测量到的，否则就失去了它的意义。因此，把现实的经济数据引入理论模型中进行计算、分析和验证，以此分析经济结构、说明各部门之间的互动、预测经济发展就成为他研究投入产出法的主要目的之一。

三、跨界合作，披荆斩棘

1931 年，里昂惕夫赴美国定居，并受邀加入纽约国家经济研究局，并在他们的资助下编制了美国历史上第一张投入产出表。从此，他便正式踏上了诺贝尔经济学奖的探索之路[48]。

1932 年，里昂惕夫接受熊彼特的邀请到哈佛大学任教。1933—1944 年，他继续深入研究投入产出模型，进行了大量的数据搜集和处理工作。凭借自己在数学和统计方面的天赋，里昂惕夫利用一系列线性方程刻画了经济部门之间错综复杂的互动关系，组成了一个大型方程组。但是，当时的计算机只能进行简单的运算，无法满足方程组的求解。为了克服运算难题，里昂惕夫把全国 44 个部门简化到不足 10 个部门，并且找到了麻省理工学院的威尔伯教授，两人合作利用一款能解联立方程组的计算机完成了大量的矩阵运算。

1941 年，里昂惕夫成功编制了一份包括全国 44 个部门、2000 个系数的投入产出平衡表，通过一张横纵交错的棋盘式表格，形象地展示了国民经济各部门的产品供给和需求情况，实现了大型计算机在经济学领域的第一次应用。

四、不懈探索，攀登高峰

为了验证投入产出平衡表中系数的稳定性，里昂惕夫用同样的方法计算、编制并对比了美国 1919 年、1929 年、1939 年的投入产出平衡表，结果显示系数是相对稳定的，这说明利用逆矩阵计算系数这一方法是有效的。

1948 年，里昂惕夫成立哈佛经济研究项目（HERP）组进一步研究并推广这一方法，并一直担任该项目的主管，这一计划持续了 25 年。在此期间，投入产出法从理论研究阶段转入实际应用阶段，在世界范围内被广泛应用到了经济预测、国际贸易、环境经济和工业生产等诸多领域。

1972 年，里昂惕夫受联合国委托，对世界性经济增长及其对环境的影响展开研究。他利用世界范围内 15 个国家和地区的数据构建投入产出模型，计算出了相应的总需求、总产出/投入以及污染数量。在这项研究中，他提出了“混合单位”这一方法，进一步完善了投入产出模型。

经过世界经济分析的验证，里昂惕夫又用投入产出法来帮助联合国分析国际经济关系、缩小发展中国家和发达国家之间的差距，力图建立起国际经济的新秩序。

1973 年，里昂惕夫获得诺贝尔经济学奖，达到了学术成就的巅峰。瑞典皇家科学院在给他的贺词中写道：里昂惕夫创立的投入产出理论体系是“独一无二、无与伦比”的。

五、“里昂惕夫之谜”

1953 年，里昂惕夫利用投入产出法对美国的对外经济贸易结构进行研究，他得出的结论与当时的主流观点相反。主流传统的国际贸易理论“赫克歇尔—俄林要素赋予说”认为，美国的资本充裕而劳动力相对短缺，从比较优势理论的角度来看，美国应该出口资本密集型和进口劳动力密集型商品，才能从国际分工中获益。然而，里昂惕夫在利用投入产出模型分析美国对外经济贸易数据时发现，美国出口的商品主要是劳动力密集型商品，进口的主要是资本密集型商品，这与传统理论的推导结论是截然相反的。这就是著名的“里昂惕夫之谜”，又称“里昂惕夫悖论”[49]。

这一观点提出后，立刻在学术界引起了强烈反响，研究者们纷纷从不同的角度试图为这一悖论提出解释或进行反驳，但始终没有形成倾向性的意见。为了回应各界的争论、答复学术界提出的批评意见，里昂惕夫又对 1951 年的美国对外贸易结构进行了分析，结果与之前的分析大体相同。后来又有人分析了 1962 年美国对外贸易的经济结构，结果仍然是支持“里昂惕夫悖论”。直到 1966 年，费农提出了“产品周期论”，才解开了“里昂惕夫之谜”。

六、投入产出法在中国的推广

1984 年，华罗庚先生在投入产出分析法的基础上提出了正特矢量法的理论框架，建立了华氏宏观经济模型，证明了里昂惕夫的封闭动态投入产出模型存在 Von Neumann 均衡解。他进一步提出，当初始投入与其消耗的系数矩阵的正特征矢量一致时，国民经济的增长率才能达到最大，否则有的部门将会出现负生产的情况。

华罗庚先生之后，刘家壮又推广了华氏宏观经济模型。他在华氏宏观经济模型的基础上增加了消费和投资，得到了推广模型，并对华氏宏观经济模型中的推广基本定理给予了更正和完善。此外，还有许多学者也从不同方面研究了华氏宏观经济模型，对分析国民经济多部门的发展规律进行了长期的探索。

1999 年 2 月 5 日，华西里·里昂惕夫在纽约大学的医疗中心去世，享年 93 岁。他用投入产出模型为经济理论和社会现实之间架起了一座桥梁，用自己的一生践行了“理论研究服务于社会现实”的学术精神。

第二十四章　彼得·德鲁克

他是教师、作家、咨询顾问，更是管理学界的“现代管理学之父”、商界的“美国 CEO 导师”、美国最高荣誉勋章“美国总统自由奖章”的获得者、国际慈善机构“救世军”最高奖项“伊万婕琳布斯奖”的获得者，他曾 7 次获得“麦肯锡奖”，他的著作以 30 余种文字出版，总销售量超过 600 万册，他的思想传播、影响了 130 多个国家，被尊称为“大师中的大师”。他称自己是“社会生态学家”“站在舞台侧面观看的旁观者”。这位清醒的旁观者一直以通透的思维分析、指点、影响着世界，直到 2005 年在美国加利福尼亚州克莱蒙特的家中溘然长逝。他就是“现代管理学之父”——彼得·德鲁克。

一、在耳濡目染中悄然觉醒——旁观者的诞生

彼得·德鲁克 1909 年出生在奥地利的一个书香门第。他的父亲是一名经济学家，曾任奥地利财政部部长，著名经济学家

约瑟夫·熊彼特曾是他的学生；母亲是奥地利率先学习医科的妇女之一，曾经师从著名的精神科分析专家弗洛伊德；德鲁克的奶奶也是出身名门，曾经跟著名的女钢琴家克拉拉·舒曼学过钢琴，在生活中是一位幽默智慧的老太太。

童年时代，德鲁克的父母经常在其位于维也纳教区的家中招待当时的政要、医学家、音乐学家、知识分子等各界人士，他们讨论的内容涉及医药、政治和音乐等，这让德鲁克从小就接触到哲学、数学、音乐等多个领域的知识。父亲的理性思辨，母亲的感性洞见，奶奶的智慧幽默，良好的家庭文化氛围使德鲁克从小就具备将知识融会贯通的能力，这对其成长产生了深远的影响。德鲁克后来在表述自己的很多思想时，经常会使用医学和交响乐团来做类比和示例，这与童年时的耳濡目染密切相关。

德鲁克在少年时期遇到了影响他一生的恩师——埃尔莎小姐，埃尔莎小姐教给德鲁克的是工作纪律和组织能力，教会了德鲁克根据自己的现状设定合理的目标，据此拟订计划，跟进计划的执行情况，并及时调整。遵循这种有计划、有目标的方式，德鲁克在 21 岁就取得了博士学位，开启了高效能的一生。

1923 年 11 月 11 日是奥地利为了纪念哈布斯堡王朝结束、共和国成立的日子，在维也纳的“共和日”社会主义游行方阵中，14 岁的德鲁克在经历兴奋、激动之后，将手中的旗帜交给身后的同伴，退出人潮汹涌的洪流，背对着看似光荣无比的

“群众运动”独自走了两三个小时。就在那个萧瑟的 11 月，一个时代的“旁观者”悄然觉醒，自此之后的 80 多年里，德鲁克以自己独特的视角观察、分析世界，为我们留下了宝贵的财富。

二、在觉察反思中快速成长——跨界阅历积淀

1927 年，德鲁克中学毕业后进入德国汉堡大学学习法律，师从凯恩斯和熊彼特两位大师。毕业后，他进入汉堡的一家出口公司担任职员，但每周一到周五的晚上，他都坚持去汉堡市立图书馆看书。后来他又到法兰克福一家商业银行做证券分析师，后又成为《法兰克福大众报》的记者、金融专栏撰稿人和高级编辑。1931 年德鲁克自修获得法兰克福大学公共法和国家关系博士学位。1933 年，因不满德国纳粹势力，德鲁克离开德国到达英国伦敦，1937 年与他的德国校友多丽丝结婚后移居美国。

移民到美国的前几年对德鲁克的生涯规划和思想形成起到了决定性作用。1937—1950 年，德鲁克出版了四部著作，分别是《经济人的末日》《工业人的未来》《公司的概念》以及《新社会》。在 1939 年出版的第一本著作《经济人的末日》中，他深入剖析了法西斯主义的荒谬性。英国首相丘吉尔把该书列为英国军官学校的必读书，并在伦敦《泰晤士报》上撰文高度评价德鲁克的洞察力和对法西斯极权主义的深刻批判。1942 年出版的《工业人的未来》引起了通用汽车公司时任总裁的注意，

于是德鲁克被邀请到通用汽车公司进行调研。随后，德鲁克受聘为通用汽车公司顾问，这让他有机会仔细研究公司的内部结构。在此研究的基础上，他在1946年出版了《公司的概念》，在书中德鲁克首次提出“组织”的概念，并且奠定了组织学基础。1950年出版的《新社会》一书，分析了工业社会的本质、工业社会的内在结构和运行机理以及工业社会的基本单元——企业及其管理的全貌，剖析了工业社会秩序问题：经济冲突、管理层与工会、工厂社区、管理职能四个问题，还提出了工业秩序的四个基本原理：消灭贫困、联邦制管理组织、工厂社区的自治性、作为公民的工会。

此时，他也开始担任教职，教书成为他的终身职业，他在哈佛大学与哥伦比亚大学都有过执教经历。在此期间，知名企业、著名大学、政府机构等都争相寻求他的帮助。

1950年1月1日，德鲁克和他的父亲去探望他的老师熊彼特，8天后熊彼特去世。在这次见面中，熊彼特对德鲁克父子说：“我现在已经到了这样的年龄，知道仅仅凭借自己的书和理论而流芳百世是不够的，除非能改变人们的生活，否则就没有任何重大的意义。”这番话对德鲁克触动很大，从那之后的20年里，他一直致力于将管理学的理论和实践相结合。在他看来，“管理是一种实践，其本质不在于知而在于行，其验证不在于逻辑而在于成果”“任何一种知识只有能应用于实践，改变人们的生活，这种知识才会有价值”。这也触发了德鲁克终身致力于

“管理的实践”研究而非学院派的理论体系研究。

三、在笔耕不辍中成就经典——“现代管理学”开启

德鲁克的一生当中，扮演过记者、咨询师、教授和小说家等多重角色，他的著作旁征博引，涉及艺术、文学、历史、哲学和宗教等诸多领域，不过终其一生，他最重要的贡献还是在管理学领域。

1954 年德鲁克的著作《管理的实践》问世，标志着现代管理学作为一门学科诞生，“目标管理、参与管理、知识员工管理、客户导向的营销、业绩考核、职业生涯管理、事业部制分权管理、企业文化”等大部分流行的管理思想和实践可以从这本书中找到根源，他也因此被誉为“现代管理学之父”。在这本书中他提出，企业的目的是创造客户，为客户提供产品或服务，而不是利润的最大化。他还强调，工人应该被视为企业的资产而非债务，企业不应只是盈利机器，它应该是建立在对工人信任和尊重的基础上的社区。

1966 年，他出版了《卓有成效的管理者》，这本书是德鲁克最著名的管理学著作之一，深刻影响了全球商界、政界、学界人士[50]。他在书中提出，并不是只有高级管理人员才是管理者，所有负责行动和决策又有助于提高机构工作效能的人，都应该像管理者一样工作和思考。在当今的知识社会中，知识工

作者可以被称为管理者，管理者的工作必须要卓有成效，而卓有成效是可以学会的。管理者要明白，该把时间和精力用在什么地方，他们必须将有限的时间用于系统而有效的工作，应善于利用外部力量取得工作成果，而非事必躬亲；应注重发挥团体优势，力求完美协作；应该把精力集中在主要领域和关键所在，要注意决策的有效性。

1973 年出版的《管理：任务、责任、实践》是一本写给企业经营者的系统化管理手册、给学生的系统化教科书，被誉为管理学“圣经”[51]。这部经典著作告诉我们，管理不仅是一项工作、一门学科，它还应以人为核心。每一项成就都是管理者的成就，每一次失败也是管理者的失败。是人在管理，而不是“力量”或“事实”在管理。管理得当还是管理失当，取决于管理者在个人理想、奉献精神以及正直无私方面的表现。

四、在终身学习中保持年轻——站在时代思考的前列

德鲁克年轻时期高强度的自学经历使他在快速扩大知识面的同时，培养了一种终身学习的习惯。终其一生，德鲁克每过三四年就会选择一个新的学科进行自学。德鲁克认为：要精通一门学科，3 年时间的学习是绝对不够的，不过，要了解一门学科，3 年的时间就足够了。60 多年来，他坚持一次选修一门学科，这种学习方法使他学识渊博，并接触到新学科、新学说和

新方法。他的著作除了涉及管理学、社会学、经济学、政治学之外，还有一本用日本漫画表现管理内容的书以及两本小说。这种学习习惯不仅为德鲁克打下了坚实的知识基础，还促使他不断接触新学科、新学说和新方法，始终站在时代思考的前列。

德鲁克曾坚持连续 20 年每月为《华尔街日报》撰写专栏文章，一生在《哈佛商业评论》上共发表 38 篇文章，这项纪录至今无人打破。他著述颇丰，在 70 岁高龄之后仍出版了 10 余本著作。1997 年，《福布斯》杂志在一篇封面文章中称其为“依然是最年轻的头脑”，此时德鲁克已年届九旬。2002 年 6 月 20 日，德鲁克获得美国总统布什授予的“美国总统自由奖章”，这是美国公民所能获得的最高荣誉。2005 年 11 月 11 日，德鲁克在加利福尼亚州克莱蒙特的家中溘然长逝，享年 95 岁。大师虽已逝去，但其著作和理论对管理学、社会学和经济学的影响深远，其思想历久弥新，指引着我们继续前行。

第二十五章　冯·布劳恩

回顾人类航天的发展历程，冯·布劳恩是一个无法绕开的伟人。单从航天发展进程来看，作为人类航天事业的重要开拓者，如果没有他，人类登月从梦想变为现实至少还要推迟几十年。人类的航天计划经历了三代人不懈努力，自 19 世纪 80 年代瑞典工程师拉瓦尔发现并提出拉瓦尔气动力学定律，拉瓦尔喷管便成为火箭发动机的重要结构。之后俄国的康斯坦丁·齐奥尔科夫斯基、美国的罗伯特·戈达德和德国的赫尔曼·奥伯特等一大批航天专家进行了理论和载具的深入研究，为飞入太空奠定了理论基础。最后接过航天接力棒、实现人类探索太空梦想的功臣当属冯·布劳恩、谢尔盖·帕夫洛维奇·科罗廖夫和钱学森。

在这些人中，布劳恩是最为特殊的一位。他在火箭方面创造的成果让人类进入了两个时代：第一个时代是战争史上的弹道导弹时代，第二个时代开启人类登月时代。这两大成就使他在历史上毁誉参半，也从侧面证明了科技既能创造文明也能毁灭人类。

一、天才的早慧

布劳恩出生在德国东部的一个贵族家庭，父母在小时候就送给他一架天文望远镜让他探索太空。等搬家到柏林后，风靡一时的火箭吸引了这个少年全部的注意力。当时一些冒险家大胆地将像焰火似的火箭捆绑在汽车、火车上面，创造了一个又一个最高速纪录。于是布劳恩从经销商那里买来了 6 个大号焰火，模仿冒险家将其捆在滑板车上面，随即点燃焰火，随着一声巨响，滑板停了下来。警察把布劳恩送回了家，虽然父母狠狠地教训了他，但他心里已埋下了制造更大、更快火箭的种子。

18 岁时，布劳恩进入柏林工业大学，从一个毛头小子到成为物理学博士，他只用了短短 4 年时间。在毕业论文中，他论述了液体推进剂火箭发动机理论和实验的各个方面细节，因而被校方列为机密。后来德国军方将其论文列为国家机密，直到 1960 年方才解密。可见 22 岁的布劳恩已经对航空航天技术有了超脱于常人的理解。只是随着二战爆发，布劳恩的聪明才智错误地被德国纳粹利用，他只好暂时搁置自己梦想。

美国的国家太空及航空博物馆历史档案部专家迈克尔·纽菲尔德在《冯·布劳恩：太空梦想家与毁灭工程师》书中写道："从 16 岁开始沉迷于火箭试验开始，他所有的天赋、决心和热情都只为一个目标而存在，即让人类进入宇宙。而纳粹政权利用布劳恩来完成自己毁灭人类罪行的程度，远远不及后者利用前者来完成他开拓人类探索边疆理想的程度。”

二、二战中纠结的布劳恩与弹道导弹

当年布劳恩为实现自己的科学抱负，不得不和纳粹合作，借助军队力量研究新式远程武器。早在 1929 年，德国军队已经在探索喷气推进火箭用于运载炸弹的可能性，并在全国招揽火箭方面的人才。1932 年，布劳恩加入德国陆军，正式成为军方的火箭专家。纳粹上台后，希特勒对火箭这一武器高度重视，拨了大笔经费给火箭研制人员，布劳恩带领的研发小组得以大展拳脚，拥有了独立的实验室和工厂。很快，1934 年两枚 A1 火箭被成功发射到 2. 2 公里和 3. 5 公里的高空。等到二战爆发时，德国前期积累的火箭研发技术终于派上了用场，成为“撒手锏”。1942 年底，一系列新火箭的成功试验让希特勒欣喜若狂，他迫不及待地想量产更多火箭，用于对英国实施报复性轰炸。但是布劳恩却退缩了，将先进的火箭技术用于战争违背了他的初衷，无奈之下他刻意消极对待工作，却被盖世太保以破坏火箭工厂进度的名义投入监狱。关押两周后，德国人意识到他在火箭研发中无可替代的作用后，不得不将他再放出来。

1944 年 9 月 8 日傍晚，伦敦上空仅出现一道闪光，泰晤士河畔的发电站被炮弹击中并爆炸。英国人只看到从荷兰方向射来一枚奇怪的炮弹，没有人明白这是什么武器。后来盟军才知道，这是德国人研制出的新型武器——V2 弹道式导弹。其中 V 源于德文 Vergeltung，意为报复手段，象征着德国对盟军的报复。这枚导弹的飞行速度比音速快 4 倍，攻击目标时空中会传来令人毛骨悚然的尖啸，当时没有一架飞机能够成功拦截这一导弹。这些被称为 V2 的导弹是冯·布劳恩研发的世界上最早的弹道导弹，比盟军整整领先了一个时代，虽然是二战末期才被德国研制出来，但自此开启了人类战争史的弹道导弹时代[52]。

当得知 V2 成功袭击伦敦之后，布劳恩陷入了深深的自责之中，他称这一天“将是人生中最为黑暗的一天”，并告知同事们：“我们的火箭虽然表现出色，但是它在一个错误的星球着陆了。”

三、梦回太空终不悔

这种自责没持续多长时间，德国就向盟军投降了。当美国人在郊区找到工厂里的布劳恩团队时，负责看守的党卫军官直接向美国人投降。有趣的是，当时团队成员之一、布劳恩的弟弟被选为谈判的代表，他用蹩脚的英文告诉美国人：“我的哥哥是布劳恩，V2 弹道式导弹的设计师，我们现在投降了。”

美国人大喜过望，布劳恩是美国军方“黑色名单”上的第一位，即应当被带回美国的最重要的科学家[53]。布劳恩原本以为自此就能摆脱德国纳粹，专心于自己的航空事业，但当他和 100 多名德国科学家到达美国之后，尽管他不断向政府和民众宣传太空理想，可美国人一心只想让他研制更快、更准的武器。朝鲜战争爆发后，布劳恩的主要工作都是围绕为美国设计第一代弹道导弹开展的，太空梦一直被他藏在心中。1957 年 10 月，苏联第一颗卫星上天，美国政府震惊之余，再次认识到太空并非遥不可及。于是布劳恩向国防部立下保证书，如果让他领导火箭基地，保证在 60 天之内也发送卫星上天。84 天之后，卫星在布劳恩带领的数千人的努力下发射成功，所有人都见识到了布劳恩天才般的能力。

到 1960 年，布劳恩已经为航天事业奋斗了 40 年，他终于看到自己所在的火箭基地被改为美国国家航天局下属的航天飞行中心，也终于摆脱了将自己的聪明才智用于研发毁灭性武器的纠结之中。目光长远的他再次做出了一个惊人决定：要将目光从太空转向月球。1967 年布劳恩设计了有史以来最强大的火箭推进器——“土星 5 号”。1969 年，当阿姆斯特朗乘坐的“阿波罗 11 号”成功抵达月球时，基地指挥中心说：“你所留下的足迹也是布劳恩博士的足迹。”可见布劳恩的能力和地位获得了所有人的认可。

人类从未停止探索太空。在科技不断发展的过程中，登天的梦想逐渐从遥不可及到照进现实。正是布劳恩这样一代又一代的科学家，勇敢追求这些看似不可能的目标，才有将梦想变为现实的机会。所以对于梦想，不但要敢想，还要汲取前人的智慧，迸发出创造的火花，才有可能成为实现。

第二十六章　陈芳允

2020 年 6 月 23 日 9 时 43 分，“长征三号”乙型运载火箭搭载着“北斗三号”冲上云霄，至此我国已经发射并组网了 55 颗北斗卫星，为我国实现全球自主定位画上完美的句号。每一项巨大工程的实现，都离不开无数科学家的心血，其中陈芳允院士就是与我国“北斗”导航卫星事业密不可分的国之匠师，他也是北斗系统的创始人之一。他的精神和信念值得被铭记和传承。

“人生路必曲，仍须立我志。竭诚为国兴，努力不为私。”“四十年京兆一技人，求新服务不爱名，一称专家已过誉，惭愧国人赶超心！”诗以言志，这也是对我国无线电电子学、空间电子系统工程专家陈芳允先生光辉一生的真实写照。陈芳允先生心忧祖国、淡泊名利、博学勤勉，一生献身于科学事业，成为我国卫星测量和控制技术的奠基人之一、“两弹一星功勋奖章”获得者、中国科学院院士、国际宇航科学院院士，为我国无线电电子学研究做出了开创性的工作，也为建设我国科技事业和国防现代化事业做出了卓越贡献，奏出了生命的最强音。

一、志存高远，报效祖国

1916 年 4 月 3 日，陈芳允出生在浙江省台州市黄岩县的一个知识分子家庭，毕业于保定军校的父亲陈立新从小就对他寄予很高的期望，“我希望你将来不要做大官，要做大事，要在社会上立自己的业绩”。这句话对陈芳允把毕生贡献给科研事业的人生选择有着很大的影响。陈芳允 5 岁启蒙，在私塾学习四书五经。他从小学习刻苦勤奋，尊师重道，后就读于黄岩县立中学，国语、数学、英语等主要课程成绩优异，基本功十分扎实。15 岁时，陈芳允又前往上海浦东中学读高中，恰遇九一八事变，全国上下掀起反日热潮，那时的他就表现出了极高的爱国热情，积极参加抗日游行。也是在那时候，陈芳允坚定了“为了中国不受外辱而好好读书”的决心，他曾言，“我这一生能为国家做点事，就是从中学时代起，对国事的逐渐了解。那时正当日本人侵略野心不断扩张，全国人民包括我们这些青少年学生，都义愤填膺，都自觉地把自己的命运与国家民族的前途联系在了一起。那时我就下决心要为国家和民族的振兴，不受外辱而好好读书，以期将来为国家民族作奉献。这个决心以后就没有变过”。

1934 年，陈芳允考入清华大学机械系，经过一年的学习，他发现自己并不适合学习工科，但对物理学有着浓厚的兴趣，物理课的周考、期终考试成绩都十分优异，于是陈芳允下定决心转入物理系，师从著名物理学家吴有训，这为他今后从事无线电电子和航天电子测控技术科学研究奠定了坚实的基础。抗日战争爆发前夕，陈芳允参加了著名的一二·九爱国运动，目睹了祖国遭受侵略者的肆意蹂躏，深谙“落后就要挨打”这一真理，更加坚定了他科学救国、振兴民族的理想和抱负。1938年抗日战争全面爆发，陈芳允由清华大学转入西南联合大学，顺利完成学业，毕业后留在清华无线电研究所任助教，后经物理学家王天眷介绍转到成都无线电厂工作，从事飞机定向仪和导航设备研制。他希望能将自己的研究成果应用到军事上，为国尽力。然而在满目疮痍的旧中国，国民党政府腐败无能，百业凋敝，国难当头的中国与世界发达国家在工业技术上相差甚远，陈芳允深感报国无门，决定为改变国家颓势走科学救国之路。抗战胜利前夕，陈芳允凭借优异的成绩获得公费留学的机会，远赴当时世界上电子雷达技术领先的英国留学，并于1945年初前往英国 A. C. Cossor 无线电厂研究室参加雷达研制工作，先在伦敦实验室参与有关电视接收机图像质量改进方面的研究，后转至曼彻斯特工厂雷达研究室从事学习和研究，并参加了英国第一套海洋雷达的研制和在“玛丽皇后号”船上的实际测试工作。

经过4年的艰苦学习和研发实践，陈芳允掌握了世界上最先进的电子工程技术并取得优异成绩。1948 年，在新中国成立前夕，他毅然决然地放弃优渥的生活条件，带着世界第一流电子工程技术与知识辗转回到急需人才的祖国。回国后，正值淮海战役期间，航空委员会调他去南京工作，而陈芳允因为不愿意看到同室操戈，拒绝为国民党卖命，便找当医生的岳父为他拔去一个脚指甲，造成假伤，回到了上海住进医院里。从此，陈芳允将自己的满腔热血融入百废待兴的新中国建设的伟大事业中，致力于无线电电子学及电子和空间系统工程的科学研究和开发工作，科研成果丰硕，为中国国防和科技的发展做出了杰出贡献。

二、善于创新，勇于开拓，敢为人先

1953 年陈芳允被调到北京后，受吴有训先生的赏识，被委以重任，命他负责筹建中国科学院电子研究所，后并入物理研究所，组建了电子研究室。他瞄准技术发展前沿，开展理论研究，成功研制出一种宽频带的采样示波器，这在国际尚属首创。

1957 年，苏联发射第一颗人造卫星后，陈芳允组织大家成功地接收了这颗人造地球卫星发出的无线电信号，进行无线电多普勒频率测量，他应用自身多年的研究成果，测出了该卫星过顶时的多普勒频率曲线，还推算出了卫星的运行轨道参数。这项技术不仅成为我国天文台对人造卫星无线电观测的基础，也成为我国卫星跟踪测轨的主要技术之一。

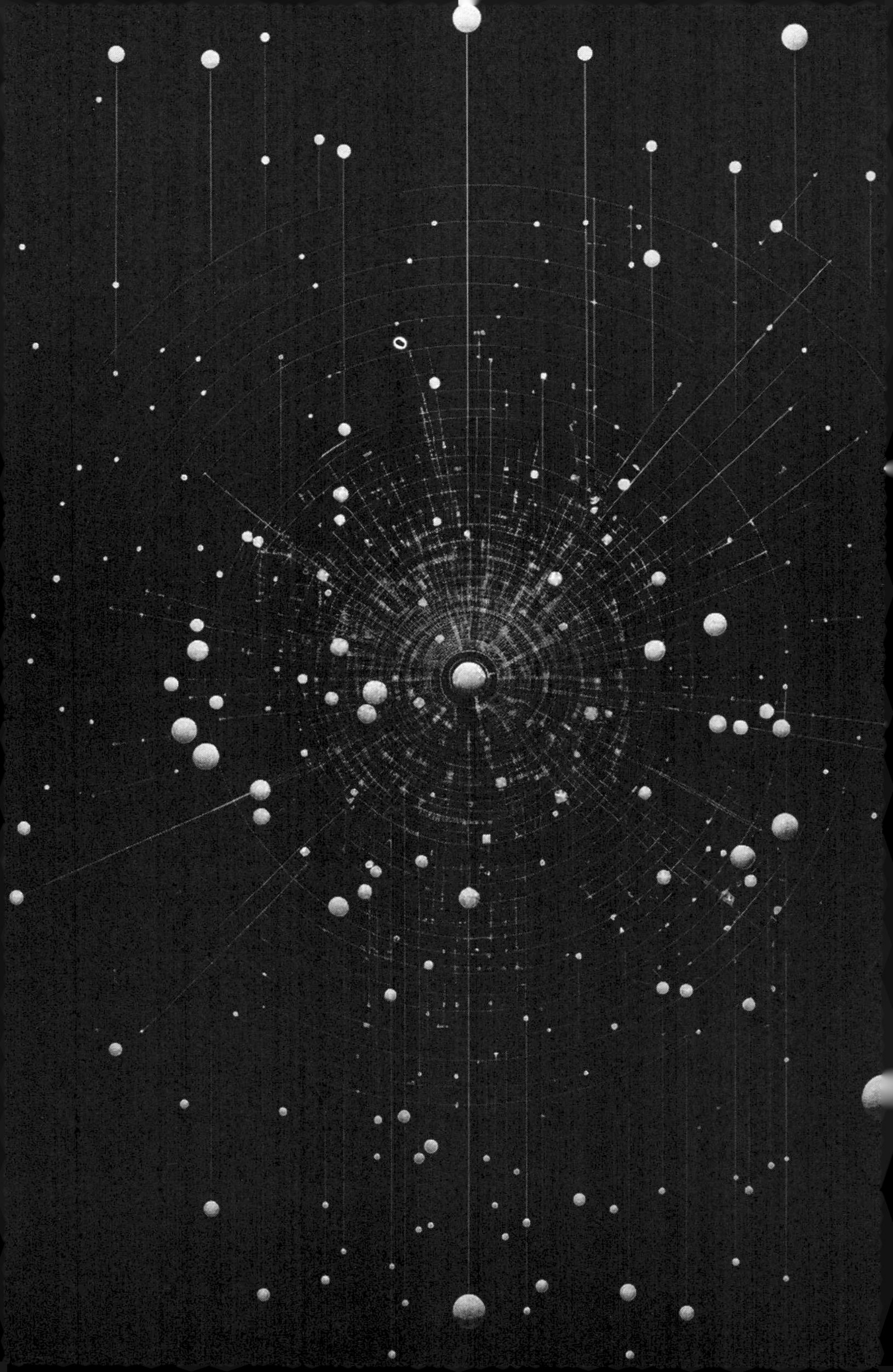

1963 年，陈芳允为解决原子弹试验需要对多道脉冲信号作瞬时分析的需求，带领研究团队成功研制出多道原子射线分析仪等仪器，这在当时为第一颗原子弹试验成功起到了重要作用。1964 年 5 月，陈芳允牵头研制机载单脉冲抗干扰雷达，经过几年的不懈努力，我国第一代机载单脉冲雷达研制成功并实现工厂投产，装备在我国大批的歼击机上。

1965 年，毛泽东主席做出“我们也要搞人造卫星”的指示，我国第一颗人造地球卫星研制工作正式启动。陈芳允被任命为我国第一颗人造地球卫星——“东方红一号”卫星的测控总体技术负责人，为我国第一颗人造卫星的准确测量、预报做出了重要贡献。当时卫星测量在我国是一个全新的技术领域，我国在对卫星的跟踪观测所采用的手段和方案方面毫无经验。陈芳允认为，我国发射第一颗卫星必须克服“抓得住”“看得见”“听得到”三重难题。于是他不畏艰难，带领技术人员深入研究，大胆实践，反复论证，终于在 1970 年 4 月 24 日，中国第一颗人造卫星“东方红一号”发射升空，地面观测系统很快抓住目标，进行持续跟踪测量与计算，及时预报了卫星飞经世界各地的时刻。实践证明由陈芳允主持完成的卫星测量方案非常有效，不仅圆满完成我国第一颗卫星测量任务，而且在轨道测量精度上达到了较高水平，为我国卫星测控网的建立奠定了基础。

1971 年，陈芳允提出了有中国特色的新型卫星测量控制系统，即微波统一测控系统，主要用于通信卫星由发射至定点的全程跟踪测轨、遥测、遥控及数传。此项目于 1975 年正式立项，1980 年建成，并成功应用于 1984 年 4 月 8 日我国发射的第一颗通信卫星，并因此获得了国家科技进步特等奖。陈芳允用战略的眼光首先提出："能不能由'远望号'航天测量船在测量的同时实现与国内通信，减掉通信船?"他通过与技术人员在"远望号"测量船上实地考察，成功解决了测量船上众多设备之间的电磁兼容这一关键性重大技术难题，并在 1980 年 5 月 18 日我国从巴丹吉林大沙漠向太平洋发射的远程运载火箭试验中首次得到验证。陈芳允认为，卫星导航定位在国民经济和国防建设上具有重要的应用价值，但我国当时的技术、经济状况还难以研发类似美国的全球定位导航系统（GPS）。1983 年，陈芳允及其合作者提出利用两颗同步定点卫星对地球上的物体进行定位并同时进行通信的设想，于是他带领课题组研制了"双星定位通信系统"，并在 1989 年演示成功，实现了地面目标利用两颗卫星快速定位、通信和定时一体化，为我国研制、发展双星导航定位系统奠定了基础，开创了我国的"北斗"导航卫星事业。

陈芳允还相继提出了遥感小卫星群对地观测系统和小卫星移动卫星通信系统等方案，开创了中国航天事业的新时代。他长期不懈努力坚守、拼搏在科技战线上，为我国航天测控技术实现"飞向太空、返回地面、同步定点、一网多星、国际接轨"五大飞跃做出了极为扎实的铺垫[54]。陈芳允坚持从中国的国情出发，走航天测控创新发展之路，并于1977年加入中国共产党，他坦言："毛主席为人民服务的教导使我恪守终身。……为科学求真理，为技术进步，为建设祖国，都是为人民服务。"2010年6月4日，经国际天文学联合会小天体命名委员会批准，一颗由中国科学家发现的国际永久编号为10929号的小行星1998CF1，被正式命名为"陈芳允星"。

三、战略眼光，发起"863计划"

陈芳允始终以一个战略家的眼光关注着世界科技的发展态势。20世纪80年代，世界上许多国家将发展高技术列为国家发展战略目标。尤其是1983年，美国宣布实施"星球大战计划"，带动包括火箭技术、航天技术、高能激光技术、微电子技术、计算机技术等在内的一大批高技术发展，以保持美国在经济、军事、科学技术等方面的领先地位，抢占21世纪的战略制高点。此后，欧洲提出联合实施以发展未来高技术为目标的"尤里卡计划"，日本制定了"今后十年振兴科学技术政策大纲"。针对全世界都在大力发展高科技的趋势，1983年11月，国务院经济技术研究中心组织了全国上千名专家，对如何发展新技术的问题进行研究，并提出了长达150万字的《中国迎接世界新技术革命浪潮挑战和机会对策的研究》，但未达成统一意见。1986年初春，原中国人民解放军国防科学技术委员会多次组织专家讨论会，研讨国防高科技的发展方向。面对新一轮科技发展热潮，陈芳允紧跟时代步伐，对中国高科技发展深表担忧，于 1986 年 2 月与王大珩先生商讨，决定先由王大珩起草《关于跟踪研究外国战略性高技术发展的建议》初稿，并与王淦昌、杨嘉墀共同讨论，两位老科学家深表赞同，随即四人逐字逐句认真推敲，共同提交了《关于跟踪研究外国战略性高技术发展的建议》。为了不耽误时间，他们通过“走后门”的方式将报告直接呈交邓小平。仅仅过了两天，邓小平就做出批示：“这个建议十分重要，找些专家和有关负责同志讨论，提出意见，以凭决策。此事宜速作决断，不可拖延。”

1986 年 8 月，国务院常务会议通过了《国家高技术研究发展计划纲要》，决定拨款 100 亿元用于实施纲要。同年 11 月 18 日，国务院正式发出关于《高技术研究发展计划纲要》的通知。至此，由陈芳允等 4 位科学家大力推动的中国发展高技术“863 计划”正式启动，为我国航天技术、生物技术、电子信息技术、激光技术，以及新材料技术等高技术发展开创了新局面。1997 年，耄耋之年的陈芳允又与当年的 3 位院士共同以“863 计划”的名义发表了中国月球探测技术发展的建议，促进了嫦娥计划的产生与发展[55]。

陈芳允先生的爱国情怀、高尚人格、俭朴作风值得我们细细回味，他的一生如同以他名字命名的小行星一样，永远闪耀在共和国的功勋册上，以爱国奋斗精神为基，为我国航天事业和国防现代化延续着无限的光芒。

第二十七章　赫伯特·西蒙

谈起赫伯特·西蒙，无论是计算机科学、心理学领域的研究者，还是政治学、经济学、管理学领域的从业者，无不对这位充满传奇色彩的大师深表敬佩。这位跨学科的天才，不仅精通多种语言，还在多个学科领域获得有分量的学术大奖。他的日常生活与其学术生涯一样丰富多彩，魅力无穷。

1916 年，西蒙出生在美国威斯康星州，他的父亲是一位电气工程师和专利法律师，长期活跃在当地的学术圈和社会事务界，享有较高的声誉。母亲是一位才华横溢的钢琴家，经常在家中演奏古典乐曲。在父母的熏陶下，西蒙显示出极强的学习能力，早早与学术结下了不解之缘。他在回忆录里提道："高中的学业对我来说太过于容易，以至于我需要不断踢足球、打篮球、弹钢琴、和朋友聚会玩音乐、旅行来打发无聊的时间。"同时，情窦初开的西蒙在和女生的交往过程中学会了绘画、象棋等技艺，并在短期内达到炉火纯青的地步，后来他还发明了一款棋牌游戏。读大学之前，西蒙广泛阅读了经济学和心理学方面的书。进入美国芝加哥大学后，爱好经济学的他却因为没有修过会计类课程转学政治学。不过名校优良的学术氛围使他广泛涉猎数学、逻辑学、符号学等学科的知识，掌握了基本的科学研究方法，为今后的研究奠定了坚实的基础。大学二年级时，聪慧的西蒙已经修完了政治学专业要求的所有课程，于是他开始旁听物理学、计量经济学、心理学等专业课程。

从芝加哥大学毕业后，西蒙应聘到美国国际城市管理者协会，从事评估城市管理效率的工作，良好的数学基础使他很快成为专家。工作之余，在大学室友的介绍下，西蒙开始和一位任职于芝加哥大学政治学系的女孩约会。这位名叫多诺西娅·派依的女孩十分欣赏西蒙的才华与智慧。1937 年圣诞节，年仅 22 岁的西蒙与派依结婚。婚后，西蒙与妻子联手做了各种各样的研究，发表了一系列有价值的文章。1939 年，西蒙转到美国加利福尼亚大学伯克利分校，负责由洛克菲勒基金会资助的一个研究项目。这个项目围绕政府进行组织运行与职能优化，西蒙开始思考组织如何决策的问题，并把自己的研究结果写在博士论文里[56]。1943 年，西蒙被母校芝加哥大学授予政治学博士学位。1949 年，西蒙在美国卡耐基—梅隆大学任教，主讲计算机科学和心理学。可以说，西蒙一生中最辉煌的成就都是在这里完成的。他与美国政治学家麦卡锡、美国经济学家明斯基等讨论如何利用计算机模拟人的逻辑，并开发出当时唯一一款可以工作的人工智能软件，因此西蒙也被称作“人工智能之父”。此后，他还与其他计算机专家一起开发了一款信息处理语言（IPL），这是最早的一款人工智能程序设计语言，具有划时代的意义。有趣的是，在编写这项语言时候，西蒙使用的是“人体寄存器”——孩子们举着牌子围绕着他，西蒙则拿着笔在牌子上写代码。

由于在人工智能、列表处理、人类认知等领域有着杰出的贡献，西蒙于 1975 年获得了计算机科学最高奖——图灵奖。此后，作为美国顶尖计算机专家，他曾多次到中国访问，充当中美友好交流的使者。他曾给钱学森去信，信中提道：“我了解您本人的兴趣在于创新思维和形象思维，这两个问题也是我近年研究的中心问题。”在信的最后，西蒙表示希望中国的认知科学能够早日在国际上闯出一条属于自己的路，随信还附赠一本自己的专著《人类的认知——思维的信息加工理论》，并希望能与钱学森见面。遗憾的是，由于钱学森的工作有保密性质，两位科学家最终没有相见。

西蒙在认知科学方面也取得了不凡的成就，他对信息加工心理学的研究处于世界前列。20 世纪 50 年代，他开始研究决策心理学，并获得美国心理学会终身成就奖。西蒙了解这个规律后，与朋友一同开发了“通用问题求解系统”，能一次解决 11 种类型的问题。

1958 年，西蒙等人向心理学界展示了如何利用计算机模拟人类认知过程，其机制主要是：通过将人类认知过程复刻到计算机上，以计算机来模拟、刻画人类的心理过程，从而解释人类行为，进而验证理论的正确性。这场活动的举办掀起了一场认知心理学界的信息加工革命。西蒙同时注意到，在决策过程中，外界问题的相关信息不可能被人们完全获取，并且出于时间成本和决策成本的考虑，人们很难投入无限资源去搜索问题空间中的备选方案，故人们只是具备有限理性，以上假设同样在经济学中得到验证。不过，曾提出“物理符号系统假说”的西蒙，在阐述“有限理性”时，仍使用大量的数学逻辑符号来模拟决策。最终他发现，面对这个复杂多样且不确定的世界，只要给出“满足即可”的局部最优决策，就能够有更大的生存概率。

在否定“理性人”原则后，西蒙建立的“有限理性”原则和“满意即可”行为准则，使其获得了 1978 年的诺贝尔经济学奖[57]。同时西蒙帮助工商企业界确立了寻找决策目标的方法，展示了这一理论强大的实践性。西蒙对心理学的研究，源于他和妻子开展的一次有趣实验，他们认为人类决策行为只是一个搜索过程（根据掌握的知识在问题空间展开搜索），其中搜索效率取决于启发式函数。

作为全才式的科学家，西蒙的才能令人赞叹不已，从他的经历中，我们能够获得什么样的启发呢？其实梳理他的学术经历就能发现，西蒙强大的科研能力背后没有什么秘密，关键在于他能围绕“人类认知和决策”这个问题在不同学科间辗转以寻求答案。

在他的政治学博士论文中，已经确立了有限理性的决策框架。在后来的政治学研究生涯中，他关注政府决策，将有限理性推广到了公共部门的决策中。相应地，有限理性也可以推广到私营部门。在经济学背景下进行的探究，为他带来了诺贝尔经济学奖这一至高荣誉。

另外，理性思维促使他通过逻辑符号来探索人类决策机制，提出将超前的算法应用到计算机中，回答了关于“计算机是否能够像人类一样思考”的疑问。在学术研究的最后阶段，他将决策问题追溯到人类认知这一落脚点，和妻子一起利用心理学实验发现人类决策过程中的特点，将心理机制刻画得入木三分，最终获得了心理学大奖。英国哲学家以赛亚·伯林曾论述过两种类型的学者——刺猬型和狐狸型。刺猬型学者常常沉迷于宏大想法，坚持不懈；狐狸型学者则相反，对世界拥有更加偏执的单一看法。同时具备宏大的跨学科思维与细致的多专业知识的人才少之又少，这种非凡本领可视为上帝赐予人类的礼物。

西蒙在自传里曾这样评价自己：“我诚然是一个科学家，但是我是许多学科的科学家。我曾经在科学迷宫中扮演了许多不同的角色，这些角色之间难免会互相借用。但是，我对于扮演每一种角色都尽了最大的力，因此我是有信誉的，这也就足够了。”伟哉，西蒙！

第二十八章　利奥尼德·赫维奇

利奥尼德·赫维奇（1917—2008 年）曾担任世界计量经济学会主席，因在“机制设计理论”方面所作的开创性工作而获得美国国家科学奖，并和另外 2 名美国经济学家获得 2007 年诺贝尔经济学奖。

赫维奇在 1960 年以一篇论文拉开了“机制设计理论”的研究序幕。自此，经济学界不断深化该理论的研究，使其成为微观经济学中发展最为迅猛的领域之一，解决了资源有效配置的系列问题。如今，该理论已经成为国家、企业改革的重要工具，能帮助决策者更好地理解和解决现实经济中的很多问题。

一、旁听与自修

赫维奇 1917 年出生于俄罗斯。第一次世界大战期间，他与家人一起迁往波兰，并在波兰度过了中学和大学时代。1940 年，他在波兰华沙大学获得法学专业的硕士学位。因犹太人的身份，为了逃避纳粹迫害，同年赫维奇辗转来到美国，担任著名经济学家保罗·萨缪尔森的助手，自此走上了经济学研究之路。

到美国后，赫维奇没有去读经济学博士，而是通过自己的努力，从助理教授做到了正教授。20 世纪中期，他开始思考博弈论工具衍生出的课题，发表了《资源配置中的最优化与信息效率》一文。1973 年，赫维奇在久负盛名的《美国经济评论》杂志上发表论文《资源分配的机制设计理论》，奠定了机制设计理论的框架。因此，赫维奇被誉为“机制设计理论之父”。

此后，美国经济学家埃里克·马斯金、美国芝加哥大学经济系教授罗杰·迈尔森，分别对该理论做了重要的发展工作，他们是该方面研究的活跃分子。2007 年，他们三人共同获得诺贝尔经济学奖，当时赫维奇已经 90 岁高龄[58]。他一边感叹：“我还以为我的时代已经过去，对于诺贝尔奖来说，我实在是太老了。不过这笔奖金对一个已退休的老人的确不无裨益。”一边惋惜道：“我对它（诺贝尔奖）不再期待，因为熟知我研究工作的那些人都已缓慢逝去。”

在赫维奇的研究生涯中，他曾是美国明尼苏达大学经济学名誉教授，是美国国家科学院、美国艺术与科学研究院的成员，同时是世界计量经济学会成员。他被聘任为多家国际著名学术期刊的编委，拥有 6 个荣誉博士头衔。作为经济学领域极为重要的研究者，赫维奇却从未获得过经济学专业的学位。他曾说：

“我是通过旁听和自修来学习经济学的。”

赫维奇治学严谨，对学生要求非常严格。上海财经大学经济学院院长田国强教授曾在20多年前于明尼苏达大学深造，田教授回忆说：“赫维奇教授有一大特点，他能够根据每个人经济学知识的多少和训练的不同，用非常通俗或严谨的语言把高深的问题讲得异常透彻。他的课生动有趣、通俗易懂，同学们都很喜欢，但考试难度很大。他对博士生非常严格，手下的学生一般要学六七年才能拿到博士学位，还有很多人最后拿不到学位。”

二、先锋探索推动经济学发展

20世纪三四十年代，“社会主义大论战”的焦点是社会主义经济机制能否实现资源有效配置，该问题的提出激发了相关学者对机制设计的思考。直至20世纪70年代，赫维奇开创性地回答了这个问题，并为微观经济学开创了新领域——机制设计理论。

机制设计理论旨在研究，在面临自由选择、自愿交换、信息不完全及决策分散设计化的条件下，能否用一套机制（规则或制度）来达到既定目标，同时机制的设计方式可通过一个模型进行统一考虑。一般来说，机制设计涉及两方面的问题：一是信息效率问题，即所制定的机制是否只需要较低的信息成本，较少的关于消费者、生产者及其他经济参与者的信息；二是机制的激励相容问题，即在所制定的机制下，每个参与者即使制订个人目标，其客观效果是否也能恰好达到设计者所要实现的目标。

赫维奇开创的机制设计理论经过不断发展，逐渐成熟与丰富，深深地影响和改变了包括信息经济学、规制经济学、公共经济学、劳动经济学等在内的现代经济学的许多学科。目前，机制设计理论已经进入了主流经济学的核心部分，被广泛地运用在垄断定价、最优税收、契约理论、委托代理理论及拍卖理论等诸多领域。许多现实和理论问题，如规章或法规制定、最优税制设计、行政管理、民主选举、社会制度设计等都可归结为机制设计问题。总体来说，该理论解决了经济学中的顶层设计问题和路径选择问题[59]。

赫维奇除了开创性提出机制设计理论，其在计量经济学领域也有贡献——为动态计量模型的识别问题做出了奠基性的工作。他的学生丹尼尔·麦克法登凭借对离散选择的原理与方法的研究获得了2000年的诺贝尔经济学奖。1947年，赫维奇首次提出并定义了宏观经济学领域中理性预期的概念。如今，理性预期学派已成为宏观经济学的主流。在一般均衡领域，赫维奇与其他学者对竞争市场一般均衡的稳定性研究进行了相关开创性的工作，主要研究了如何从需求函数的存在来证明效用函数存在的问题。

三、机制设计理论在中国的传播与价值

自改革开放以来，中国经济一直处于快速发展的阶段。但由于发展初期的各项制度不成熟，引发了许多经济问题。赫维奇对中国经济改革逐渐产生浓厚的兴趣，曾于 1980 年 6 月 10 日、8 月 12 日先后致信时任中国社会科学院院长胡乔木，向其表达了他对中国经济改革发展近况的强烈兴趣，并将自己的研究成果对经济发展效率与公平等目标实现的现实意义进行了阐述。

1984 年 6 月 7 日至 7 月 24 日，赫维奇通过中美“高级学者交换计划”来华讲学。1985 年，他担任了华中科技大学荣誉教授；同年，为中美经济学教育交流合作项目——“福特班”的首期学员上了高级微观经济学课程。这为机制设计理论在中国的传播与应用奠定了基础，并发挥了重要作用。为了访问中国，他还自学中文。2004 年，他应邀担任武汉大学名誉教授，2006 年担任中央财经大学中国经济与管理研究院学术委员会联合主任。

机制设计理论的应用以实用而闻名。对于 20 世纪下半叶处于转型经济发展阶段的中国来说，之所以存在各种经济问题，其本质上可归结为现有机制设计不合理。因此，机制设计理论对于中国的经济发展来说具有重要的现实意义，可应用于中国众多改革难题中，例如医疗改革、金融改革、财税改革、国企

改革等方面。

从现在的视角来看，20 世纪中国的改革是成功的，其关键在于基本放弃计划经济，采用各种激励、竞争机制，较大程度地实现经济上的选择自由，这种机制是促进经济健康发展的基础。随着我国对机制理论研究的重视，涌现出不少学者开展相关理论研究，其中笔者陈安提出的管理机制设计理论，就是在赫维奇理论基础上发展而来的。

第二十九章　冯康

尽管“文无第一”，我们还是喜欢将有成就的科学家像对剑客那样进行排名，尤其想知道谁是名列前茅的那几个。

无论怎么排，冯康先生都是华人数学领域的前几名，更是计算数学领域最具创新能力的天才之一。他提出的已被广泛使用的“有限元”方法已经进入了计算数学的大学教材，这一方法原本是为了解决水利设施修建工程中的实际计算问题，可以对基于实践建立起来的偏微分方程进行系统化、现代化的计算，因此该方法在科学与工程上具有双重意义。这一成就又是在中国大地取得的，因此其意义重大而深远。

科研讲究“顶天”“立地”两个类型，前者是指在科学规律中找到更深刻的东西，后者则指可以解决现实中遇到的难题。笔者在《中国科学报》上曾发表过一篇文章，提到学者做研究存在这样的困境：或者在实践上真正解决了问题，但是很难上升为新的理论；或者侧重研究理论问题，又很难在实践中获得应用。所以“顶天”“立地”之间要加一个“或”字比较合适。文章发表后，南京大学的冯端院士看到后，认为笔者的观点不够全面，专门写了一篇文章发到同一份报纸的后续一期，并提到他的“胞兄”冯康是既做到“顶天”又做到“立地”的少有的一位学者。

这是一次有趣的争论。笔者在写那篇文章前检索了一些著名的学者在理论和实践上的贡献，尤其是中国数学界的“旗帜”华罗庚先生，他在数论和多复变函数论等多个领域都有理论上的突出贡献，在提出理论框架的同时还对其进行深化研究，随后引发了国内外许多数学家的追随，是名副其实的原始创新。在应用实践领域，华罗庚先生提出“统筹法”并将其应用到项目管理上，取得了全国性的推广成果。然而，理论和实践是分开的，理论难以直接产生社会效益，反之，实践的方法在理论上又是简单且已有的东西。笔者当时并没有过多研究冯康先生的学术贡献。实际上，他的两项主要工作——“有限元”方法和哈密尔顿系统的辛几何算法都是先从实践中总结，随后上升到理论层面进行研究，他在创造性地提出新的理论体系的同时也解决了实际问题。

习近平总书记在与科学家的对话中强调，中国要做从 0 到 1 的创新，不能总是从 1 到 2，指出了未来中国科学研究的发展方向。尽管有美国学者在几乎同时期提出了与冯康先生的“有限元”同类的方法，但就如莱布尼茨和牛顿分别独立提出微积分一样，都是独创性的学术贡献。因此，当美国学者来到中国知道了冯康先生的工作后，大吃一惊，没想到中国的学者会在那么艰苦的条件下建立了可以写入教科书的计算数学基本方法[60]。

冯康先生知道“有限元”方法和哈密尔顿系统的辛几何算法的重要性，因此他在得知这一贡献在国家的自然科学奖评审时只能得二等奖时便撤回了申请——当时的评审专家对于这一学术贡献的认知还不够深刻。冯康先生过世 4 年后，被追授了自然科学一等奖，哈密尔顿系统的辛几何算法更是在后来获得了特等奖，这些功绩是冯康先生应得的。同时，这些学术贡献也将中国数学家的名字写到了国际数学和工程界。

2020 年恰逢冯康先生百年华诞，由于新冠肺炎疫情的缘故，中国科学院数学与系统科学研究院、计算数学与科学工程计算研究所和科学与工程计算国家重点实验室共同主办了线上的“纪念冯康先生百年华诞”的活动，将纪念冯康先生的活动推向了又一个高潮。除了“有限元”方法，他晚年提出的多辛哈密尔顿系统的保结构算法则开创了哈密尔顿系统计算方法的新领域，解决了动力学长期预测计算方法问题，在天体轨道、高能加速器、分子动力学等领域都着有非常广泛和深入的应用，其价值和“有限元”方法形成“双壁”。

除此之外，计算数学方向的知名学者林群院士认为：“科学工作中能有一项成就被列入历史，就已经非常了不起了，但冯康先生却把自己已闯出的路留给别人去走，自己则又涉足其他领域，如无限元、边界元、孤立子以及辛算法。”从这里可以看出，冯康先生的创新工作不仅限于两项广为人知的内容，而是多个方面的，创新思维贯穿他的一生[61]。

冯康先生不仅自己的科研做得好，在指导学生进入科研前沿方面所做的工作也是一流的，他的弟子后来成为中国科学院院士的不在少数。部分弟子沿着冯先生开创的科研道路继续前行，部分弟子在此基础上加入自身的创造性贡献。同时，冯先生的工作还影响了更多计算数学领域的追随者，有限元已经成为该领域不言自明的方法工具——如果连这个都不掌握，是无法在该领域立足的。

如果说中国在数学领域引领了世界潮流的话，有限元一定是不可或缺的一项成就，也是中国从 0 到 1 的原始创新。

在当前的国际环境下，我们会不断遇到一些“卡脖子”科技难题，很难指望其他发达国家倾囊相授，只能依赖我们自己的科研力量进行从 0 到 1 的科学创新。事实上，只有原始创新才能引领中国的研究和开发以及产业化不断发展。此时，弘扬冯康先生的创造精神和实践与理论结合的精神，尤为重要。

第三十章　谷超豪

谷超豪，浙江温州人，数学家，中国民主同盟盟员，2009 年度国家最高科学技术奖获得者。谷超豪于 1959 年获得莫斯科大学物理—数学科学博士学位，成为第一位获得博士学位的留苏学者；1980 年，当选中国科学院院士；1982 年，任复旦大学副校长；1988 年，任中国科学技术大学校长；1999 年，任温州大学校长。

谷超豪主要从事偏微分方程、微分几何、数学物理等方面的研究和教学工作，是数学界陈苏学派的重要成员，在一般空间微分几何学、齐性黎曼空间、无限维变换拟群、双曲型和混合型偏微分方程、规范场理论、调和映照和孤立子理论等方面取得了系统、重要的研究成果，特别是首次提出了高维、高阶混合型方程的系统理论，在超音速绕流的数学问题、规范场的数学结构、波映照和高维时空的孤立子的研究中取得了重要突破[62]。谷超豪主张成立非线性科学研究中心、上海数学中心，为中国源源不断地输送数学人才。他的主要著作包括《孤立子理论中的达布变换及其几何应用》《高等数学教程》《孤立子理论与应用》等。

一、谷超豪的数学成就

说起谷超豪的数学成就，那就应该先说温州这个城市。温州城小且偏，但却有很多文人名家在那里留步，最有名的是宋高宗和文天祥。南宋时著名的永嘉学派，鼎盛时期可以和朱熹的“理学”、陆九渊的“心学”呈三足鼎立之势，影响巨大。近代中国很多知名文章有一半是浙江人写的，例如鲁迅、茅盾、艾青、徐志摩等。实际上，温州在数学领域也有着非凡的成就。苏步青和谷超豪两位享誉国际的数学家都是温州人。温州为纪念这两位先豪，特意在温州大学建立了步青学区和超豪学区，以劝诫后世学子“能力和知识是一点一点积累起来的，要注意有扎实的基础，要注意复习和巩固，不能急于求成”。

论能力，谷超豪是第一个获得莫斯科大学博士学位的中国人。1952 年，谷超豪凭借自己优秀的专业知识背景，被选为留苏学生，到莫斯科大学数学力学系进修。留学时期，他凭借在微分几何领域突破性的成果，在国际数学界崭露头角。莫斯科大学的数学中心堪称是为俄罗斯和苏联立下不朽功劳的学术研究中心，而谷超豪是唯一一位在那里拿到博士学位的中国留学生。当时上百名中国留学生都只拿了副博士学位，直到目前中国数学界也只有 3 个人得到博士学位。在研究之余，谷超豪还参加彼得罗夫斯基——这位在 20 世纪数学史上占据着特殊地位的前莫斯科大学校长的讨论班，探讨常微分方程研究[63]。

论知识，谷超豪先生是迄今为止第二名获得国家最高科学技术奖的数学家。好学求知的谷超豪在大学期间参加了苏步青、陈建功主持的函数论和微分几何讨论班，随苏步青学几何，啃下了首届菲尔兹奖获得者道格拉斯（Jesse Douglas）长达几十页的论文，显示出他在数学上“打硬仗”的能力；随陈建功学函数，由于在分析讨论班上表现突出，与陈建功等合作撰写了他的第一篇数学论文，后在国际知名的《伦敦数学会》杂志上发表。随着日益渐增的学术积累和潜心钻研的匠心精神，谷超豪先生在被誉为“金三角”的微分几何、偏微分方程和数学物理三个领域都做出了卓越贡献，特别是其创立的复旦大学偏微分方程学派具有国际知名度，还培养出了李大潜、洪家兴、陈恕行 3 位荣膺中国科学院院士的学生。

革命工作兴起的年代，谷超豪由于扎实的学术能力为党组织所器重。他投身于革命工作，先后参加中国科学技术协会全国代表大会、杭州市和浙江省各界人民代表会议，担任浙江省科学技术协会党组书记兼浙江省文化局科普科长。从苏联留学归国后，谷超豪先后担任了复旦大学副校长、中国科学技术大学校长、温州大学校长。大量的党政工作让他将大部分时间奉献给了中国教育事业，但也减少了他潜心钻研数学的时间。世人对其的评价是：未尽其才，却仍有卓越成就。就是这样一位兼具知识和能力的中国数学家，如果一定要给中国数学界排个名，谷超豪的成就应该在前 10 名，实际上应该超过他的老师——著名的复旦大学校长苏步青。

二、谷超豪的执弟子礼与谦虚

中国数学界有所谓南方的以陈建功、苏步青为首的陈苏学派和北方的以华罗庚为首的华派。师从苏步青的谷超豪在大学期间得到了苏步青和陈建功两位先生的悉心教导，也得以在学习期间向着自己偏爱的物理领域进行深入研究。这种教导与鼓励给予谷超豪先生跨学科思考的严谨思维模式，为他日后在偏微分方程研究上取得的成就奠定了基础。

一次苏步青来中国科学技术大学做面向大学生的数学讲座，当时作为校长的谷超豪校长主持，与其他很多场合下校长说完开场词后在掌声中先行离开不同，谷超豪陪着所有人完整地听了下来，并为苏老先生布茶倒水，在忘词时，还小声提醒。整个讲演过程，谷超豪就像一个循规蹈矩的学生，态度认真且虔诚，可以说谷超豪先生的执弟子礼非常周到。当然苏步青也不吝啬夸奖，对在座的大学生说到，你们校长是我学生中最好的一个。在笔者的理解里，他说的最好的一个，应该是最好的就这一个，而不是如现在常说的“最好的之一”这类含义不明的话。当时谷超豪腼腆地笑了笑，对着大家稍微欠了下身。

与通常因不懂和畏惧而产生的谦卑不同，谷超豪的谦卑是因已知而敬畏，因敬畏而虔诚。杨振宁的70寿辰在国内8个地方举办，动静都不小，合肥是他的故乡，在合肥的中国科学技术大学举办相关活动无疑是最合适的。会议依然是谷超豪主持，当他谈到杨振宁在物理上的几大贡献，如宇称不守恒定律、“杨—米尔斯”场等，谦虚地说道：当然，我在这里只是念一下这些成就的名称，我自己并不懂。台下一片善意的笑声。大家都知道他曾经研究规范场，而且在1974年前后和杨振宁有过科研上的合作，说不懂是谦虚更是敬畏。

20世纪五六十年代是冷战时期，导弹、高速飞行器、卫星在世界各国都被重视和发展，特别是苏美两国。要知道研究超音速飞行器，其周围气流状况十分复杂，只有将周围空气的流动状态研究清楚，才能进行该领域的下一步研究。当时研究微分几何的谷先生毅然放弃自己的爱好和专长，开始了偏微分方程的研究。他的第一项工作就是对超音速飞机平面超音速扰流带激波求解，当然也是第一个给出了解的人，可称为是这一领域里的先驱性工作。当时该领域的研究工作因政治原因而不为国外研究人员所了解，改革开放以后，通过国际交流，国外研究人员才恍然了解到一些重要问题在10多年前就得到了解决。

三、谷超豪对中国教育事业的贡献

成立非线性科学研究中心是谷超豪人生一大心事。谷超豪在中国科学技术大学倡导成立非线性科学研究中心，这为中国非线性科学研究取得瞩目成就奠定了基础。在他倡导成立这个跨学科的中心之后，他专门做过系列学术报告，笔者也曾听过该系列报告。第一次学术报告的前 20 分钟，谷超豪讲的主要是背景和基础知识，还能听得下去，可是接着就完全听不懂了。谷超豪讲课和推导根本不需要看讲稿，可以说是行云流水。笔者硬着头皮听完了第一次，第二次实在坚持不到最后了，这才发现非线性科学研究并不是掌握了微积分、线性代数、常微分方程就能听明白的。谷超豪的报告充分展现了他对于自己所从事方向的熟稔，成立上海数学中心是谷超豪此生最后的愿望。2012 年的冬天，谷超豪先生因中风失去了语言能力，但当听说上海数学中心已获批准且即将成立时，谷老先生激动之情溢于言表。可见，成立上海数学中心是他生前最为记挂的事，而这也表现出谷超豪对于中国数学教育的热爱。

谷老先生培养出了 3 位院士和众多数学领域受人敬仰的科学家，孕育了许多向社会源源不断输送人才的数学研究中心，他用“数学是科学的仆人”这句话警醒着自己，也鼓励着后人，同时以身作则，学以致用，总是试图用数学解决其他学科问题，尤其是物理方面的根本问题，当然他也做到了。

第三十一章　顾方舟

顾方舟，中国医学科学院、北京协和医学院原校长，著名医学科学家、病毒学家。1957 年，顾方舟首次利用猴肾组织培养法从患者的粪便中分离出脊髓灰质炎病毒并成功定型，并在此基础上首次研制出脊髓灰质炎活疫苗及脊髓灰质炎糖丸活疫苗，使中国数十万儿童免于病痛，被称为“糖丸之父”[64]。2000 年，顾方舟作为代表在“中国消灭脊髓灰质炎证实报告”上签字，这表明中国实现无“脊灰”状态。他一生忠于一事，为脊髓灰质炎的防治奉献了一生，最终实现了中国全面消灭脊髓灰质炎并长期维持无“脊灰”，造福了亿万儿童，为护佑国人健康，推动中国公共卫生事业的发展做出了卓越贡献。中国医学科学院、北京协和医学院校长王辰评价顾方舟——他是协和医学院的顾方舟，是医科院的顾方舟，是国家的顾方舟，是人类的顾方舟。他的功劳和成就，确实可谓功在当代，泽被子孙。立足当代回忆过往可以看出顾方舟对我国医学、公共卫生事业发展，社会进步等方面做出了巨大的贡献。

一、特殊的家庭背景，造就医学传奇

1926年6月16日，顾方舟出生于浙江宁波，父亲在海关工作，由于工作需要其父经常接触外来船只。有一次他父亲不幸被传染上黑热病，在20世纪30年代此病还是不治之症，就这样年仅5岁的顾方舟失去了父亲。目睹父亲在病痛中死去，他十分悲痛，也感受到了病毒的无情、生命的脆弱、医疗水平对于国民健康的重要性，此时他心中就埋下了成为医生的“种子”。顾方舟的医学人生与母亲周瑶琴有着密不可分的关系，丈夫去世后她并没有选择改嫁而是坚强地撑起了家庭的重担。她通过学习全部由外语编制的教材，顺利通过了考试成为一名助产士，当时的中国人要成为一名助产士是非常困难的。母亲的坚强品质及助产士的特殊职业对顾方舟的人生产生了巨大的影响，更加坚定了他从事医学的决心。

1944年高考结束后，顾方舟毫不犹豫地选择了前往北京大学医学院医学系学习，学习期间他意识到我国医疗水平落后，国民在重大疾病面前毫无招架之力，如想改变必须走出国门向发达国家学习。1951年，一心想改变中国现状的顾方舟远赴苏联医学科学院病毒学研究所学习，1955年毕业获得医学副博士学位。受家庭的影响及本人救死扶伤、立志改变中国医疗现状的决心，顾方舟一步步走上医学之路，最终造就医学传奇。

二、攻破脊髓灰质炎，携子亲身试药

1955 年我国暴发了一场全国性的流行性疾病——脊髓灰质炎，病情暴发时南通市有 1680 人突然瘫痪，466 人死亡，之后不断在周边省市地区传播。脊髓灰质炎是一种急性传染病，主要侵犯 1 ~6 岁儿童的中枢神经运动细胞，患病者身体会随病情发展发生扭曲变形、残疾甚至死亡，故又称小儿麻痹症。由于我国没有针对此类病毒的疫苗，短短两年的时间脊髓灰质炎就从南方地区扩散到全国各个角落，感染率和死亡率都远远高于当时的南通。此病情如果得不到有效的控制，我国至少一半的国民会成为残疾。当时全国都被病毒阴影笼罩，国民处在极度恐慌之中，对脊髓灰质炎的防治被列为公共卫生安全的当务之急。

1955 年，学成归来的顾方舟，面临如此严重的公共卫生危机，下定决心要攻破脊髓灰质炎，打破中国无疫苗的困境。在中国经济、医疗都不发达的年代要想使脊髓灰质炎疫苗实现从无到有，会遇到多少困难可想而知。但顾方舟并没有被这些困难吓倒，因为他知道很多人在等待他的成果救命。顾方舟综合考虑国外现有疫苗的优缺点并结合中国的实际情况，毅然地选择减毒活疫苗作为研制方向[65]。1957 年，在国内没有任何研究基础的背景下，顾方舟辗转数十个省市寻找没人敢触碰的患者粪便进行研究，最终在粪便中分离出了脊髓灰质病毒并成功定型，这为疫苗的成功研制奠定了坚实基础。1959 年，为确保减毒活疫苗实验需要的猴子，需要在昆明的猿猴基地建立研究所。研究所选址在森林深处，交通不便，各类资源匮乏，要建立偌大的工程困难重重，但这都没有动摇顾方舟研制疫苗的决心，没有现成的房屋就自己修建，没有工具就采用最原始的锤头、铁锹、镐头等一点一点开挖，没有疫苗冷藏室就把疫苗背到山下的肉制品厂。中国第一瓶脊髓灰质炎疫苗就是在没有任何现代化设备、万事靠双手的情况下被顾方舟的团队研制出来的。

初阶段的疫苗只是在动物身上实验成功，并没有进行临床实验，如果找一个健康的人去给未知的药品做实验是不可能的，因为一旦失败要么终生残疾，要么直接死亡。顾方舟明白病毒的传播分秒没有停止，研究进程每耽误一分钟就会有千千万万的国人为此付出代价。在这样紧迫的情况下，他义无反顾地喝下了第一瓶疫苗，成为第一个成人临床实验对象，研究所内的全部成员受到顾方舟的影响集体喝下了疫苗，十天后所有人都没有出现任何不良反应，但是这也不能证明药品是完全成功的，因为脊髓灰质炎的主要发病对象是 1 ~6 岁的儿童，要想证明疫苗真实有效，必须在这类对象身上进行实验，试想哪一个家庭会让自己的孩子去冒这样的风险。然而顾方舟做到了，为了国家、为了数亿国人的健康他做出了艰难的选择，他选择将自己的儿童作为第一个儿童临床实验对象，就这样他儿子顾烈东喝下了这瓶极可能夺命的疫苗。正是他这种舍己为人、携子试药的精神使我国提前数年研制出脊髓灰质炎疫苗，使数十万儿童免于病痛的折磨。

顾方舟对脊髓灰质炎疫苗的研究并没有止步于液体状态，因为液体不便于长途运输且有特殊气味，孩子不易接受。为此他对疫苗的外在状态进行了改进，考虑到疫苗的主要应用对象是1～6岁的儿童，他决定根据孩子爱吃糖的习惯把疫苗融入糖中，这样孩子可以开开心心地接种疫苗，这就是脊髓灰质炎糖丸活疫苗的诞生，顾方舟因此被称为“糖丸之父”。自1964年脊髓灰质炎糖丸疫苗在全国推广以来，脊髓灰质炎的平均发病率从1949年的十万分之4.06下降到1993年的十万分之0.046，数十万儿童免于致残。1978年，脊髓灰质炎疫苗糖丸正式列入计划免疫，每个孩子都会吃到。因此，现在40岁以下的中国人100%都吃过顾方舟做的糖丸，他也被亲切地称为“糖丸爷爷”。2000年，世界卫生组织宣布中国彻底消灭了“脊灰”野生病毒的传播，成为无“脊灰”国家，而代表中国签字的正是顾方舟。他一生只为这一件事：消灭脊髓灰质炎，让国家安全，让国人放心。

三、严谨治学、从严治家

20世纪40年代，世界上医疗水平最高的国家是日本、美国和苏联。为学习先进的医疗知识，顾方舟凭借顽强的毅力克服种种苦难，依靠最基本的参考书自学了三国的语言并赴苏联学习。学习期间，他翻译了包括《医学研究入门》在内的诸多外国著作，极大地促进了我国医疗水平的发展。他先后发表论文 50 余篇、专著 3 部，并培养了一大批科研人员与生产技术人员，为我国消灭脊髓灰质炎做出了极大的贡献。

脊髓灰质炎疫苗最终是以糖丸的状态呈现在国人面前的，一颗小小的糖丸凝聚了顾方舟一辈子的心血。最初阶段的糖丸因分别包含三种不同的病毒血清所以要分三次吃，现在的糖丸只需要吃一颗就可以对脊髓灰质病毒免疫，世界上称之为创造突破理论，为此各国专家都向其请教。顾方舟一生都在从事脊髓灰质炎疫苗的研究及教育工作，在同事及学生眼里他是一位真诚、儒雅、严谨的良师益友，其学生刘德培回忆道："顾老师在我美国学习期间曾两次前往关心我的学习及科研情况，并根据我的实际情况指出了存在的问题，要求我多看文献，顾老师严谨的治学态度对我人生具有重大影响。"顾方舟晚年时期还在为医疗事业奋斗。1999 年，已经 73 岁的他还奋战在医学前线，亲手喂孩子吃糖丸；2006 年，80 岁的他还在亲自给学生写教案，指导学生如何做科研、如何研制更好的脊髓灰质炎疫苗；去世前不久，他还向来请教学问的科研人员孜孜不倦地进行讲解。顾方舟将一辈子奉献给了脊髓灰质炎疫苗，他用严谨的治学态度把自己丰富的理论知识和实践经验一代代传授下去，将更有效、更安全的脊髓灰质炎疫苗不断地生产出来，造福中国、造福世界。

顾方舟和妻子经常沉迷于科学研究之中，其长子顾烈东回忆道："在我儿时，父亲和母亲经常在无菌实验室工作到深夜，一旦进入实验室便是整整一天。"这说明顾方舟及其妻子做科研是多么辛苦，但这并没有使他们放松对孩子的教导，顾烈东回忆道："父亲从严治学且家风严格，我们住在东交民巷时家里有个大方桌，父亲会定时定期给我们兄弟几个开家庭会议，要求我们要好好学习，勤于反思。"在顾方舟严格的家风下，几个孩子都学有所成。顾方舟在临终时还不忘嘱托孩子要踏踏实实做人，踏踏实实做事。

顾方舟用一生的时间完成了一件事：攻克脊髓灰质炎，生产脊髓灰质炎糖丸活疫苗。他通过自学语言远赴苏联学习先进技术，最终获得副博士学位。回国后他临危受命从零开始研制脊髓灰质炎疫苗，在研发的过程中不惜携子亲身试药，疫苗的成功研制使我国千千万万的国民免受病毒折磨，最终使我国在2000年实现无"脊灰"状态。顾方舟这种医者的博爱精神和科研人员敢于钻研的精神、在国家危难时刻的民族自强精神值得我们学习、传承下去。

第三十二章　约翰·福布斯·纳什

约翰·福布斯·纳什（John Forbes Nash, Jr），普林斯顿的天才，数学王国驰骋的“幽灵”。实际上他是一位纯粹数学家，因非合作博弈理论的深刻影响而获诺贝尔经济学奖。他见证了美国 20 世纪最为重要的战争时期和科技爆炸式增长的历史时期，也成为推动数学理论和博弈论发展的重要人物[66]。

世界上登峰造极之人出现精神疾病的案例有很多，几乎遍布每一个领域，例如牛顿、尼采、梵高。因此，对创造与精神疾病的相关性研究也成为神经学的一个重大问题。20 世纪最具传奇色彩的科学家要数诺贝尔经济学奖得主约翰·福布斯·纳什。

纯粹的科学家沉浸在自己天马行空的思想中，肆意发挥奇思妙想，显得出世而格格不入。世人无法理解，将其称作古怪。而他们只是建立了一套属于自己的强大的逻辑体系和思想理论，并形成了个人色彩极强的行为处事模式。这就是纳什，一个内心渴望力量，又从未真正逃离过孤独的思想者。

尽管他开创的非合作博弈理论得到广泛运用，但他的名字一直只是一个修饰，人们对他并没有真正认可。直到诺贝尔奖颁发，他才被当作一名伟大的数学家为世人所尊敬。在战争造就英雄的年代，他的同学们早就相信他能成为时代精英；即使是在和平年代，他也能够创造出巨大的价值[67]。

一、才华横溢，特立独行

1926 年夏季，位于阿巴拉契亚山脉的小城布卢菲尔德，一个活跃的、踏实的中产阶级家庭迎来他们的长子——纳什。在工业城镇的实用主义和重商主义社会氛围中，在良好的家庭教育和丰富的知识熏陶下，纳什的数学敏感和学习天赋初现，他能用属于自己独特的思考方式解决问题，异于常人和其他家庭成员。他跟随父亲接触了工程师的工作，自己动手做实验。美国 20 世纪以来不断参加战争、卷入国际对立关系、掀起国内麦肯锡主义等政治运动，的确影响了那一代人，给他们造成心理阴影与恐惧。事实证明纳什后来出现的症状与此密切相关。

小城市的教育远远不能满足纳什对知识的渴望，从家乡布卢菲尔德到匹茨堡，再到普林斯顿、剑桥、洛杉矶，他的脚步跨越美国的东南西北，甚至遍布欧洲。他的思想更是漫无边界，只要是他认为有价值的问题，就会深思熟虑并努力破解，在卡内基工学院他就被抽象的数论吸引，例如丢番图方程、量子力学和相对论。在来自哈佛和普林斯顿的橄榄枝之间，他选择了后者，一方面是因为后者对他展示了更多的甚至有些奉承意味的认可和邀请，另一方面是普林斯顿云集了众多纯粹的数学家，他的老师相信他能成为其中之一。

在家人心里，他是一个内向孤独、不善社交的聪明孩子；在老师心中，他是个智商超群又孤立的学生；在同龄人看来，他值得学习又令人厌烦；在教授们眼里，他是一个值得花重金招徕、花时间培养的天才。他的内心充满矛盾，正如他自己所说“冷酷无情得到超我”和“原来的简单的我”。他希望得到认同，但内心没有真正与他人交友的意愿；他感到孤独，却看不起智商在他之下的大多数同学。所以他转身投入数学，投入思考，以期得到他人的崇拜和尊重，获得自我满足；有时他也会用幽默感来缓和紧张，拉近关系。

这也是为什么很多科学家不善交际，他们试图通过研究成果赢得认可，而不是真正地融入他人。数学家往往是孤独的，他们通常孤军奋战，钻研自己的问题，很少和别人合作。纳什尤其如此。他并不是踩在前人肩膀上前进的学者，而是靠自己的头脑寻找问题答案的智者；他从不过分依赖别人，尽管需要讨论和帮助，但他也谨慎地保护思想的独立性。

他的傲慢、特立独行和古怪的行为，并非不受任何约束，但是只要他为系里、为大学、为国家创造价值，行政人员会对他尽量放任自如，以免扼杀他珍贵的创造力。他的学生和同事尽管有时反感他的行为和把戏，但并不是真正厌恶，反而是尊敬的。这就是天才的“特权”。反观现在的学术界乃至整个社会，特立独行、个性鲜明通常是艺术家或摇滚音乐家的标签，自由洒脱、随性潇洒的学者已经鲜少见到。福柯探讨的规制社会已然成形，规范化在公民之间潜移默化，形成内心的约束。像纳什这样的科学家只会越来越少，像达·芬奇那样“百科全书”式的人物由于现代社会分工也不复存在。

二、优美的数学，割裂的人生

进入普林斯顿和兰德公司，是纳什两个重要的人生阶段。普林斯顿的范氏大楼，被称为宇宙的数学中心。从数学家冯·诺依曼到“物理界的教皇”爱因斯坦等，叱咤风云、影响时代的学者都曾被聘请到这里，还有一批互相较量的天才学生在自由宽松的环境下开展研究。他们为美国科学在二战后迅速崛起注入动力，也奠定了基础研究的重要地位。

在这里，纳什无忧无虑地度过了年少轻狂、青春懵懂的阶段；在这里，他体会到了数学的迷人优美，并一头扎进理论数学的研究工作中；在这里，他思索现实，用简洁优美的数学语言尽情表达；在这里，他尽情地想象、思考、创造。他定期参加茶会，和数学家探讨。他发现问题，并向它发起进攻。他喜欢下棋，还有一款他自创的六角弈棋，只有绝对的输赢，没有和棋，完全符合他的气质。

纳什的首篇重要论文是关于经济学中的讨价还价问题。受到冯·诺依曼《博弈论与经济行为》的启发，他对博弈论产生兴趣，同时也洞察到该书的不足——非零和博弈尚未解决。他用公理方法，设想了两个讨价还价的人在取得合作的任何情况下所满足的条件。由此证明如果公理成立，则存在一个参与者效益最大化的最优解。这个均衡定理和冯·诺依曼的极小极大定理共同构成了后来博弈论的理论源泉。他的理论并非空中楼阁，而是基于对现实的洞察。剩下的就任它在军事领域和社会科学领域肆意蔓延，散播影响。

该论文并没有为纳什获得太多关注，更没有让纳什满足。相反，他希望树立起一个纯粹数学家的形象，从事真正的数学研究。于是他重新着眼于脑中由来已久的流形问题。他是如此大胆和自由，以至于产生一个极为直接而朴素的想法：每个流形都可以被描述为一个多项方程式，每一个流形都可能对应一个代数簇。将本来被鸿沟分隔的两者直接联系起来，是拓扑学发展的一大进步。之后在麻省理工学院，纳什关于嵌入问题的研究更是创举。为了证明几何学的等距嵌入问题，他向偏微分方程发起了强势进攻，最后用微分学发明了一种全新的研究方法，即“20 世纪数学分析最重要的工作之一”——纳什—莫泽定理。几乎所有微分几何领域的数学家都考虑过这个经典问题。但是只有纳什具备“不断撞击墙壁直到石头爆裂的能力”，对自己抱有无比的自信，从不计较批评和怀疑。

这样，纳什才算真正成功。此时他才25岁。而他的理性与情感一直处于分离状态。

他的数学是优美的，他能一眼看出密集数学公式中的结构，但在现实中从来都不拘泥于规制和一本正经的教育。他是要在自己的数学王国自由驰骋的人，并不是做一台大机器中的小齿轮。他是个人主义者和理性主义者，也绝非不谙世事之人。朝鲜战争爆发之际，他为了保护自己的自由，避免征兵，利用一切资源来保护自己。实际上，他始终是美国社会不可或缺的成员、研究院的重要分子，对身边的许多人产生深远影响，但也避免不了在重要时刻被别人决定命运。

从他的第一任情人来看，他想要体验恋爱的感觉，喜欢美丽、直率、温情的女子，却拗于偏执的正统，不希望自己孩子的母亲没有受过良好教育。这是他的傲慢与自恋在作祟，强大到他忽视社会道德和法律责任，对一个生下孩子的母亲秘而不娶，也不愿提供经济保障。

纳什还对几位在他生命中经过的杰出男性产生过动心的感觉，他自己称为“特别的友谊”。一直独立于同龄人之外的纳什碰到了一群相似的人，于是他们惺惺相惜。即便在这样的关系中，他也依旧秉持一贯高人一等的态度，但内心仍像一个容易受伤的男孩。所以他没有耐心细细观察另一半的优点，真正接纳他们，最终将自己弄得矛盾不堪。

26岁那年，因为诱捕而被迫从兰德公司离开的事情在纳什内心激起了涟漪。他原以为只要保持才智，就能“为所欲为”，“康庄大道”为他敞开，但在麦肯锡主义笼罩的年代，这是不可能的，哪怕最聪明的数学家。纳什再一次感到恐惧和危险，随后不断有同行人遭遇不幸而陨落。

他在迷茫的十字路口碰到了艾丽西亚，一个与他相似、几乎符合他所有要求、不无趣的女孩。这是一个被他的智力和魅力吸引的年轻学生。不过与其说这个女孩为了他放弃要成为核物理学家的梦想，不如说在他身上她看到了现实与梦想的差距，自觉地要成为这个数学家的“附庸品”。她的热情、乐观主义成为在纳什身上受挫后继续留在他身边的动力；她的坚韧不屈、隐忍变成后来一直陪伴纳什的执着。

三、于幻想中跌跌撞撞，终将苏醒

三十而立，是众多人追求的人生目标。这也是一个规律——大多数科学成果完成在科学家 30 岁之前。纳什本该在 30 岁继续攀登由他自己发现的高峰，但是他的精神状况急转直下，人生陷入断断续续长达 25 年的昏暗。

没有人知道压死骆驼的最后一根稻草是什么。纳什出现症状并没有一个确切的时间点和事件。从童年开始的矛盾状态、战争年代的备战和恐惧心理、被誉为天才、身负众望、婚姻波折、事业打击、被人率先证明连续性定理等，这些因素均在纳什的成长路上对他产生影响，最终导致他过度臆想、偏离理性。

最终他在攀登最高峰——解决黎曼猜想的路上跌落。

“因为，我的有关超自然生物的想法出现在我的脑海里的方式，是和我的数学思想一样的，所以我会认真对待。”当他迷失于幻想，逻辑和数学仍是他统治思想王国的工具。他的行为举止和内心世界进入了崩溃状态。

1975 年，纳什被送进了疗养院。具体过程对于每一个促成者来说都不会比纳什的痛苦少一分。暂时的监禁，不知道的尽头，对于一个极度追寻自由和成功的科学家来说（何况他当时正在“拯救世界”）是摧毁性的打击，包括他的自尊、他的信任，同时也冲击了他脆弱的人生观。总之，是沉寂又痛苦的几年。当时正逢他的小儿子出生，妻子和母亲都处于需要救助、困局窘迫的境地，这样的状况可想而知。

那些置之死地而后生的人会说相信希望，相信上帝给你关上了门，会给你打开一扇窗。可仍然那么多精神疾病患者，从未苏醒。纳什是幸运的，也是坚强的。他还有从未抛弃他的妻子、母亲和一直支持关心他的良师益友。纳什辗转三个疗养院，病情反复。从普林斯顿到麻省理工甚至到法国高等科学研究院，他的家人、旧友，甚至景仰他的数学家一起来想办法资助他、看望他，在他表现反常时保持礼节。

他的才华和珍稀的智慧从未被治疗驱散，在病发期间纳什还从事研究，发表过几篇重要论文。他将非线性偏微分方程作为流体动力模型，完成《关于一般流体微分方程的柯西问题》。

在第二段恢复期，纳什发表了《具有解析数据的隐函数问题的解的解析性》，随即又投入“奇点的典范解”的研究。这些成就甚至让世人怀疑关于他精神状况的判断。他像是在地下甬道中跌跌撞撞，透过地表的缝隙看到了月光，让周围的人看到希望，更想抓紧他，却始终无法找到出口。当他再度沉迷于幻想，光线又消失，地面的人欣喜之后又是惋惜、失落和痛苦，尽管会疲倦厌烦，但却从不曾真正放弃。他的妻子艾丽西亚和他离婚后，仍待在他的身边。谁都不愿放弃这样一个曾经攀登数学高峰的天才，并坚信绝对不能令他无价的智慧消弭。

他的理性确实从未被摧毁，他只是在追求最高理论的路上顺便把这些夸张和放大。这也可以解释为什么在几十年后，他还能回到年轻时的理智，达到年轻时的研究水平。

四、岁月逝去，生命继续

关于纳什具体在哪个时刻清醒并没有清晰的界定。只是在 20 世纪 90 年代的某个阶段，人们发现他在普林斯顿塔楼的黑板上留下来的东西越来越接近纯数学理论，渐渐地褪去了那些荒诞而不着边际的色彩，接着少数几个人在与他的交流中发现他的思维如此敏锐，对计算机的使用驾轻就熟。他说：“我终于从非理性的思维中解脱出来。”

一朝醒来，斗转星移，物是人非。他想继续从事研究，却发现已心力衰退，思维更是没有年轻时的敏捷锐利，但他还是能够享受思考的愉悦。终于，他等来社会认可，被计量经济学学会提名，更重要的是获得了诺贝尔奖。在人生前段由于性格因素和精神状况所擦肩而过的奖励和尊重，都在诺贝尔奖揭晓的那一刻得到补偿。

生活还是要继续，而留在身心上的人生伤痛烙印却无法磨灭。在纳什沉寂之时，母亲故去，妻子患上抑郁，大儿子在颠沛流离中长大，小儿子则遗传了精神分裂症。尽管他一生都在追求理性，但也毕竟是一个有情感的人，并且异常脆弱，以至于无法抵挡压力和悲伤的洪流而崩溃。他害怕生老病死，曾一度相信药物能够增强智力和体力；渴望获得认可，因没能获得数学界最高奖项——菲尔兹奖而黯然神伤；容易受到伤害，也会孤独地哭泣。

没有完美之人，没有完美的思想。

敬伟大之人，敬伟大的思想。

第三十三章　周光召

周光召，中国科学院院士，世界公认的赝矢量流部分守恒定理的奠基人之一，“两弹一星功勋奖章”获得者。曾任中国科学技术协会主席，是 12 个国家和地区的科学院外籍院士。曾获得意大利政府授予的“意大利共和国爵士勋章”、香港求是科技基金会“中国杰出科学家奖”等众多荣誉。

一、勤学苦读立志向

1929 年，周光召出生于湖南宁乡一个知识分子家庭中，父亲周凤九是一名杰出的公路工程专家，曾为湖南大学教授。母亲陶振昭是一位温婉贤淑的家庭主妇，整日为其兄弟姐妹 6 人操劳。小时候的周光召和其他小孩儿并无两样，经常“上树掏鸟巢，下塘捉鱼虾”，为此没少受到父母的责备。

1941 年，周光召进入重庆南开中学住读，在此遇到了他的第一位良师——数学老师唐秀颖。唐老师讲课生动形象，善于启发学生思考，使得周光召对数学产生了浓厚的兴趣。沉迷数学的周光召喜于钻研，总是独辟蹊径地解开一个又一个数学难题，这在很大程度上锻炼了他的逻辑思维能力。唐老师很快就发现了这个与众不同的学生，后来更是对其细心引导、因材施教。

1946 年初，周光召考入清华大学先修班。为了尽快成为清华大学的正式学生，他自告奋勇去系图书馆帮忙，每天第一个进图书馆，最后一个出图书馆，挤出更多的学习时间。一年后，他以优异的成绩转入清华大学物理系。

事实上，周光召在中学时期的兴趣是工程学而非物理。或多或少受到了父亲的影响，他认为工程对社会有价值，也容易就业。他读高二那年，正值抗日战争尾声，美国向日本广岛、长崎投放原子弹的事件令人震惊。与同窗一起讨论后，周光召认识到物理学科的重要性，随后热血澎湃地改学物理。从此，物理学便成为周光召一生拼搏逐浪的海洋。

进入清华大学物理系后，周光召得到名师的教导，其中对他影响最大的是王竹溪先生和叶企荪先生。与此同时，周光召丝毫没有忘记当初选择物理学的原因，努力上进、勤奋好学，他曾言："我的可塑性相当强。我有一个长处，就是我始终都在观察周围的人有什么优秀的地方，只要能学的，我都尽量去学。因此在我不同的时期，遇到不同的人都对我产生了不同的影响。"幸运的周光召在清华园里表现得非常优秀，大家纷纷称他为“周公”，并经常用“周公都算不出”来形容题目的难度。

1951 年 7 月，周光召清华大学本科毕业，继续在本系攻读研究生。院系调整后，周光召于 1952 年秋转入北京大学研究院，师从著名的理论物理学家彭桓武教授，进行基本粒子物理的研究。1954 年 7 月，周光召以优良的成绩通过了研究生毕业论文答辩。同年 8 月，周光召留在北京大学物理系任讲师。

二、研究成果震惊杜布纳

周光召从青年时代就养成了善于独立思考、不盲目迷信权威和已有研究结论的严谨治学态度。1957 年春，周光召被国家派往苏联莫斯科杜布纳联合核子研究所，从事高能物理等方面的基础研究工作。那时，各国科学家经常聚集在一起讨论学术问题。在一次讨论会上，有位外国教授介绍了自己关于粒子自旋问题的研究成果，而周光召却阐述了与之相反的意见，那位教授当场发火并恼怒地说：“你的意见没有道理！”

面对国外权威的疑惑与不屑，周光召并没有立即辩驳。讨论结束后，他认真而踏实地研究了 3 个月，一步一步地验证了自己的看法，随后又写了论文，发表在国际著名学术刊物《理论和实验物理》杂志上。不久，美国科学家也得出了相似的研究结果。这就是著名的“相对性粒子螺旋态”理论问世的过程。当时一位外国科学家说：“假如周光召将来得诺贝尔奖，我不会感到惊讶。”

在杜布纳联合核子研究所学习期间，周光召获得了科研奖金2次，发表论文30多篇，在国际上首先提出了著名的“粒子自旋的螺旋态”理论，又提出弱相互作用的“部分赝失流守恒律”，直接促进了流代数理论的建立。他的名字从此响彻中外。一位国际同行曾佩服地赞叹说：“周光召，他的研究震动了杜布纳！”

三、隐姓埋名19年

正当意气风发的周光召在杜布纳声名鹊起时，中苏关系却阴云密布。1959年6月，苏联准备撤走所有在华专家。这一举措给中国刚刚开始的原子弹事业带来了巨大的困难。

周光召得知此事后，与吕敏、何祚庥等中国科学家联名写信请缨：“作为在中华人民共和国成长起来的科学家，我们时刻准备放弃我们的基础研究，改行承担国家急需的任务。我们随时听从祖国的召唤。我们深信，中国一定能够造出自己的原子弹。”

1961年2月，周光召回到祖国。他未来得及与妻儿团聚，就开始了有关核应用的理论研究，更是从此开始了长达19年隐姓埋名的国防科研生涯。与此同时，国际学术界则流传着他从苏联回国时因飞机爆炸遇难的消息。

在隐姓埋名的19年里，周光召对核武器理论的研究工作表现出很高的造诣和很强的指导能力。他参与并领导开展了爆炸物理、辐射流体力学、高温高压物理、二维流体力学、中子物理等多个领域的研究工作，取得了许多具有实际价值的重要成果。这些成果为弄清核武器产品内部的运动规律，以及为核武器的理论设计奠定了基础[68]。

四、卓有远见的领导人

1987 年 1 月，周光召任中国科学院院长、党组书记。当他从科学家走上领导岗位以后，他的思维也同样得到创造力的最大发挥。他提出“形成民主、团结、融洽、活泼的学术气氛，为科学家创造一个身心舒畅的环境”“决不允许用行政手段干涉学术自由”“学术民主和自由是繁荣科学的唯一途径”等方针。他推出了研究所所长任期目标责任制、设立开放实验室（所）、兴办高新技术企业等一系列重大改革举措，使中国科学院成为科技体制改革的先行者[69]。

在担任中国科学院学部主席团执行主席期间，周光召主持制定了《中国科学院学部委员章程（试行）》，这是第一份全面指导学部工作的基本文件，学部制度体系自此建立并不断完善，推动了中国学部委员制向院士制度转变，实现了中国院士增选的制度化。

周光召应用中外当代管理经济学和科技管理方面的正确观点来分析现实，从而提出具有科学依据和开创性的管理意见。他倾听各阶层、各专业人员的不同意见和建议，求得真知灼见。

1999年9月18日，在隆重庆祝中华人民共和国成立50周年前夕，周光召作为在研制“两弹一星”过程中做出突出贡献的23位科技专家之一，受到党中央、国务院、中央军委的表彰。在掌声和鲜花面前，他谦虚地说：“我一直认为，无论是原子弹还是氢弹，远不是几个人的事情，是十万人以上的共同工作，而且不能出一点差错。每个人的作用都是不可缺少的。在我看来，每一项工作都很难分得出它是重要还是不重要。没有出问题，就表示我们都尽到了自己的职责。如果要评价我在其中的贡献，那只不过是十万分之一而已。”

第三十四章　埃莉诺·奥斯特罗姆

埃莉诺·奥斯特罗姆，中文名欧玲，她曾供职于美国印第安纳大学，是美国公共选择学派的代表人物。埃莉诺·奥斯特罗姆穷其一生研究公共资源治理、制度分析理论和可持续发展等问题，是美国著名的政治学家、政治经济学家、行政学家和政策分析家。2009 年 10 月 12 日，埃莉诺·奥斯特罗姆获颁 2009 年度诺贝尔经济学奖，以表彰其在经济管理方面的贡献，特别是对公共资源治理的分析。奥斯特罗姆成为历史上第一位获得诺贝尔经济学奖的女性，也是迄今唯一荣膺此奖的女性。

谁是埃莉诺·奥斯特罗姆？当诺贝尔奖评审委员会于 2009 年 10 月宣布经济学奖获奖名单后，经济学家们颇为错愕，纷纷打听埃莉诺·奥斯特罗姆的来历。在 2009 年之前，不仅媒体，就连经济学界也少有人知道这个名字。这并不奇怪，因为埃莉诺·奥斯特罗姆并不是经济学家，而是一位政治学者。其在经济学领域的知名度不高，但在政治学、政治经济学、行政学、公共政策、发展研究等诸多领域却享有很高的学术声誉。

一、迂回曲折：口吃少女的蝶变人生

1933 年 8 月 7 日，埃莉诺·奥斯特罗姆出生于美国洛杉矶。经济萧条、战争阴云等各方面原因，令年少的她受到诸多负面因素的影响。加之父母的离异，这个豆蔻年华的少女，有着一个并不愉快的童年。

"口吃"是中学时期奥斯特罗姆的一大标签，但极为幸运的是，一位老师的帮助让她克服了这一缺陷。她曾经回忆说："在我高中二年级时，有位老师很关心我的口吃问题，告诉我去参加演讲社团。我被指派的第一个任务就是背诵诗歌，但在第一次竞赛性演讲活动中，演讲队的其他成员都取笑我的'娘娘腔'。他们认为，所谓'真正的'演讲团队应该是辩论性的。"所以，年轻的奥斯特罗姆就加入了争论性辩论队，并且感到这似乎很有意思。奥斯特罗姆认为，学习如何辩论是学者生涯的一项重要经历。作为一个辩论者，人们必须了解到，任何问题都有两面性，因为一场比赛的每个不同回合，你都很可能被指派到辩论的任何一方，而无论你被指派到哪一方，都必须准备有效的论点和论据。通过参加竞争性辩论，奥斯特罗姆不仅克服了口吃，还提高了辩证性和批判性思维技能[70]。

虽然奥斯特罗姆中学毕业后希望继续读大学，但由于家境并不富裕家人并不支持，她的母亲把读大学看作"无用的投资”。因为在20世纪五六十年代，女性在教育和职业领域并不受欢迎。由于得不到家庭的支持，奥斯特罗姆不得不去工作。但是她并没有屈服于现实，尽管家庭的阻力令奥斯特罗姆继续上学深造之路蜿蜒崎岖，但她还是选择坚持自我，成功进入加州大学洛杉矶分校，并用3年时间完成了学业，于1954年在加州大学洛杉矶分校获得学士学位。课余时间，她靠教人游泳赚取生活费，毕业时手里只有8美元。

工作几年之后她决定读研，新一轮的冷嘲热讽也随之而来。但这位执着坚毅的女性，在重重困难中开始了边工作边学习的生活，并且开始考虑毕业后攻读博士学位。由于数学基础比较差，奥斯特罗姆的经济学导师强烈建议她放弃攻读经济学博士学位的计划转而攻读政治学博士学位，她的政治学导师则坚决反对她攻读博士学位。虽然这些反对之声令奥斯特罗姆倍感压力，但她以坚定不移的信念忽视了这些反对之声，并且申请了助理奖学金准备攻读全日制政治学博士学位。命运之神再一次眷顾了奥斯特罗姆，她成功地获得这笔奖学金，并于1965年顺利拿到政治学博士学位。

即使多年过去，社会对女性在职业选择上仍然不算宽容，在那个年代，女性找工作遇到歧视是常态。她追随丈夫文森特来到印第安纳大学布卢明顿分校，最初只是获得了一份临时教职的工作，在政治系给新生教基础课，直到越战期间，她才获得正式的教职。正是在这里，她与丈夫一起开始了长达半个世纪的学术研究，取得了举世瞩目的学术成就。他们是这所大学里的传奇人物，出了名的勤奋，每天笔耕不辍，几十年如一日，硕果累累。奥斯特罗姆从一位受到歧视的女性，到成为阿瑟·本特利讲座教授，她从不服输。她曾担任过美国政治学协会的主席，也曾做过公共选择学会、中西部政治学协会和公有产权研究协会的主席。她的学术成就使她当选为美国艺术与科学院院士（1991 年）、美国国家科学院院士（2001 年）。埃莉诺·奥斯特罗姆的人生蝶变，让人心生敬佩！

二、实至名归：从学术大师到诺贝尔得主

公厕为什么要刷脸取纸？共享单车为何总是乱停乱放？小区、公园的长凳、健身器材为何总是比家中的坏得快？类似的情况每天在我们身边永无休止地发生着。谈到“公地悲剧”，自然离不开公共资源治理之道，我们不得不提奥斯特罗姆及其理论[71]。

埃莉诺·奥斯特罗姆是名副其实的学术大师，她的研究基于广泛的实证研究，主要集中在运用公共选择与制度分析理论和方法来分析公共事务，尤其是公共池塘资源的自主治理问题，她为公共选择与制度分析理论和方法的发展做出了举世瞩目的贡献。

在现实生活中，许多公共资源处于没有明确私人所有者的状态，而是由一定区域、一个社区内的人们所共有或共同使用，

比如一段河流的水资源分配、公共草场的使用等。社区成员的资源利用行为以追求个体利益为目标，其结果是自然资源的利用超出可持续的水平，导致资源退化。更可悲的是，过度利用自然资源导致经济效益低下。这就是所谓的“公地悲剧”。比如海洋渔业的萎缩、森林的退化、温室气体剧增带来的气候变化等。

传统观念认为解决这类问题的方案大体上分为两类：一是私有化，通过私有化减少资源利用中的负外部性，从而起到约束行为人资源利用强度的效果；二是国有化，在资源利用有明显规模经济性的地方采用政府直接管理的方式，保证资源利用符合社会利益最大化的要求。

然而，奥斯特罗姆的研究成果却颠覆了这种看法。奥斯特罗姆指出，国家直接管理可以在一定程度上缓解公共资源享用者面临的“搭便车”难题，但国家管理中存在的官僚化、无效率、寻租以及权力扩张倾向，会带来另一个层面的集体行动难题，最终削弱甚至摧毁民众的自治潜力。同时，对共有资源的私有化，可能会因个人无约束的行为而使资源本身损坏或者耗竭。更何况，有些共有资源很难被私有化。因此，奥斯特罗姆认为由民众自主治理是一种更好的选择。

奥斯特罗姆的童年经历以及工作中接触到的典型案例，成为她提出不同观点的重要经验支撑。奥斯特罗姆曾回忆，尽管童年经历了经济大萧条以及第二次世界大战带来的恐慌，经济困顿，物资缺乏，但是奥斯特罗姆与母亲所在的社区邻里之间却相互理解，合理共享公共资源，其乐融融。

除此之外，在奥斯特罗姆开启博士项目初期，她参与了一项南加州地下水治理的政府事务。在此期间，通过大量的调查走访，奥斯特罗姆发现许多当地民众自主治理的成功范例。在欧洲历史上，社区成员共同管理自然资源从而实现可持续利用的例子也很多，如瑞士的图拜尔山地管理模式、西班牙的胡尔塔灌区管理机制。尽管也存在失败的情况，但这些成功案例表明，在特定的制度条件下，自治不仅是可能的，而且是可行的。这些条件包括共有资源的范围界定清晰、大多数人可以参与修改规则、冲突解决机制成本较低、民众具有最低限度的自组织权利等。

信任、互惠和声望等社会资本，对民众的合作与集体行动也具有重要影响。她认为，运用经济学模型分析资源管理体制时，过分强调了人类个体理性自利的特性。而自然资源共同管理之所以能够取得成功，是因为在群体内部存在相互信任和相互依赖的特质，人们能够从关心他人和群体利益中获得满足。正是有了这种特质，人们才会产生合作的愿望，就可能通过自组织行为产生一套规则、个体利用行为规范、监督和惩戒机制等，从而使资源利用服务于社区共同和长远的利益。

奥斯特罗姆认为，以“自我治理”为核心的多种形式，可以是纯民间的、完全政府的，或者两种某种程度的结合，因时因地折中妥协，只要有实效、能持久就是成功的。把“政府”和“个人”绝对分化、对立起来，对问题的解决是有害的。任何公共问题的解决方案必须同当时当地的具体利益和信息相符。

在对鱼类存量、牧场、林地、湖泊、地下水等共有资源展开广泛研究后，奥斯特罗姆发现，这些共有资源的实际结果经常不是如同标准理论所预测的那样，资源使用者为了解决诸多利益冲突，经常能设计出复杂的决策与执行机制。

最终，奥斯特罗姆将生活给予她的一切艰难与挑战转化成为丰硕的研究成果，她提出了“自主治理和多中心治理”的创新制度理论，为面临“公地选择悲剧”的人们开辟了新的路径，为避免公共事务退化、保护公共事务、可持续利用公共事务，从而为增进人类的集体福利提供了自主治理的制度基础。

奥斯特罗姆毕其一生研究公共资源治理、制度分析理论和可持续发展等问题，并在全世界范围内产生了很大的影响。奥斯特罗姆一生著述甚丰，代表作品主要包括《公共事物的治理之道：集体行动制度的演进》《自主治理灌溉系统的行业制度》《制度激励与可持续发展：基础设施政策透视》《规则、博弈与公共池塘资源》等。

为表彰其对公共资源治理的理论贡献，瑞典皇家科学院将2009年的诺贝尔经济学奖授予埃莉诺·奥斯特罗姆，诺贝尔经济学奖被男性垄断的历史也因此被改写。在奥斯特罗姆成长的年代，还没有完全摒除男女不平等的陋习，从竞争激烈的经济学领域到走向诺贝尔经济学奖领奖台，她为之付出了比男性获奖者数倍的努力与执着。这个奖项是对她三十余年在公共资源管理、制度分析理论和可持续发展等领域取得成果的肯定。

三、四访中国：奥斯特罗姆与中国之缘

中国的学者，至少公共管理研究领域的学者，对奥斯特罗姆并不陌生，她的学术思想一直被广泛引用。奥斯特罗姆十分重视中国学者的培养及发展，她先后于 1997 年、2007 年、2009 年、2011 年访问中国并进行学术交流，还兼任中国人民大学、中国航空航天大学等知名高校的客座教授，并多次发表演讲，与中国的经济学者和政治学者交流意见和看法。

奥斯特罗姆对中国城市的社区治理模式也有很大的研究兴趣，在 2011 年来访时，她参观了广州的一个社区，与社区工作者和业主进行座谈。除此之外，她在中国选取社区样本就“自主治理”模式进行研究，她与她的研究团队构建了一个庞大的制度分析网络，其中便涉及了中国的案例。在她创办的研究所里，每年都有两到三名中国学者和学生进行为期一年的系统学习，以掌握其宏观和微观的研究理论和研究方法，这为中国学者的职业发展做出了重要的贡献。

2012 年 6 月 12 日，79 岁的埃莉诺·奥斯特罗姆在印第安纳溘然长逝，令人扼腕叹息。斯人已逝，但却为后世留下了博大精深的学术遗产。她和丈夫开创的自主治理理论和多中心治

理思想体系，对社会治理和政策研究继续产生深远影响，特别是在日益复杂的现代社会中更加凸显价值。她关于自主治理的学术思想，是对人类公共事务治理的重要思想贡献。这位杰出女性的学术贡献和治学精神将永远激励着后来者不断前行。

第三十五章　丹尼尔·卡尼曼

丹尼尔·卡尼曼（Daniel Kahneman），1934 年 3 月 5 日出生在以色列特拉维夫市，拥有以色列和美国双重国籍。卡尼曼是一名心理学家、经济学家，以其在心理学领域的决策研究和行为经济研究而闻名，并获得了 2002 年的诺贝尔经济学奖。他的实证研究结果挑战了现代经济理论中著名的“经济人”假设。

一、初识人性，潜修心理

20 世纪 30 年代，卡尼曼全家移民到法国巴黎，在这里度过了他的童年时光。1940 年，法国被纳粹德国占领，卡尼曼的父亲被抓进集中营，但幸运的是 6 个月后为其雇员所救。之后，卡尼曼一家人就走上了逃亡之路。

这段童年经历给当时年幼的卡尼曼留下了深刻的烙印，在他的心中也产生了对德国士兵的恐惧。从卡尼曼所著《纳粹占领下的法国》一书中描绘的经历来看，真正让卡尼曼体验到人性的复杂与深邃是源于与德国士兵的一次“相遇”，这次“相遇”驱使他步入心理学的大门。

1941 年前后，犹太人需要在衣服上佩戴“大卫之星”，并从下午 6 点开始宵禁。当时，年幼的卡尼曼去一个天主教朋友家玩耍，不小心过了宵禁时间。回家途中他把衣服反穿，谨慎地穿过无人的街道，但不巧的还是遇到一名穿着黑色制服的德国士兵（家人曾告诉他尤其要小心躲开黑色制服的士兵）。尽管努力隐藏，但卡尼曼还是被德国士兵认出是犹太人。士兵用卡尼曼听不懂的德语暴躁地大声嚷嚷。但之后，让卡尼曼困惑的是，士兵没有伤害他，反而拿出钱包给卡尼曼看了一张小男孩的照片，并给了卡尼曼一些钱。卡尼曼紧张地跑回家，路上他想起母亲说过的话：人性是无比复杂且有趣的。德国士兵的做法使小卡尼曼更加确信了这一点。

1954 年，卡尼曼获得心理学学士学位，并在军队的心理部门从事通过心理测量帮助筛选警官候选人的工作。之后，卡尼曼重回学术领域，在美国加利福尼亚大学攻读心理学博士学位。

二、笃志科研，终获诺奖

卡尼曼一生潜心科研，对多个领域有浓厚的兴趣，并取得了丰硕的科研成果，在认知心理学、行为决策领域、行为经济学以及享乐经济学领域均有所建树。尤其是卡尼曼将心理学研究的视角与经济科学结合起来，成为这一新领域的奠基人[72]。

卡尼曼的科研旅程起源于对认知心理学的相关研究。1961年，卡尼曼在耶路撒冷希伯来大学任教，并在5年后晋升为高级讲师。当时，他专注于视觉感知与注意方面的研究。他的第一篇学术论文就发表在世界顶级期刊《科学》上，同时他还在多所著名大学担任客座教授，是多个研究协会的成员。

在自传中他提到，与特维斯基（Amos Tversky）的相遇和合作开启了他对决策领域的探索。1969年前后，卡尼曼邀请特维斯基到他所任职的希伯来大学来做讲座，在相识的2年后，他们便合作发表了第一篇文章，介绍了决策过程中的“小数法则”现象，即人们做出判断是会“倾向于观测小样本”，也就是有将从大样本中得到的结论错误地移植到小样本中的倾向[73]。

从此，卡尼曼与特维斯基开启了漫长的合作过程，并在行为决策领域陆续发表了一系列学术论文。据统计，1971年至1979年，他们在同行评审类期刊上共发表了7篇文章。其中，他们在1979年发表的文章中提出了“前景理论”，这使得两人获得2002年的诺贝尔经济学奖。在这篇文章中，他系统地陈述了“前景理论”。与公理式的“期望效用理论”相比，描述式的“前景理论”能够更好地解释“阿莱斯悖论”（Allais Paradox），并且用基于参考水平的两步决策假说解释了人们厌恶损失的心理，解决了过去的“期望效用理论”无法解释人们明显的风险偏好行为，完善了在不确定情形下的人类决策行为理论。

之后，卡尼曼与特维斯基两人又与保罗·斯洛维奇（Paul

Slovic）开始合作，共同撰写了《不确定决策：启发与偏差》，发表在《科学》上，并提出了“锚定”（Anchoring）的概念。这篇文章被认为是他们先前研究工作的重要总结，同时综述了一些对他们有所启迪的最新研究。

三、开辟行为决策研究新方向

对人类行为决策的研究可以追溯到亚里士多德时代，哲学家认为人是理性的动物，只有在特殊情形下，如萎靡、醉酒和愤慨时，人们的抉择妄想和思维才会缺乏理性。传统的经济学研究也贯穿着人类具有合理推理能力的思想，认可“经济人”假设。

直到 1947 年西蒙（Herbert Simon）考虑到人的心理身份在经济行为中的浸染，提出“有限理性”理论。他认为，在当今的复杂社会里，我们不能获得所有需要的信息来做出合理的抉择。相反，人只能具有有限的理性。

基于西蒙所开创的“行为经济学”新领域，在其启发式研究的框架下，卡尼曼与特维斯基进一步做出开创性工作。20 世纪 70 年代末，两人将心理学与长期以来被视为经验科学或是思辨性哲学的经济学紧密结合，形成交叉的行为决策领域。同时卡尼曼卓有成效地把心理学分析方法与经济学研究融合在一起，为创立一个新的经济学研究领域奠定了基础，使其成为一种实验科学。这一研究工作从此演化为包含社会学、法学、生物学、博弈论、政治科学、人类学和其他学科的研究发现及策略，并对上述学科产生了影响。

卡尼曼将心理学研究的视角与经济科学结合起来，成为这一新领域的奠基人。在他之前，经济学和心理学在研究人类行为决策上有着极大的区别。经济学观点认为，外在的激励形成人们的行为，而心理学认为内在的激励才是决定行为的因素。卡尼曼在不断修正“经济人”假设的过程中，看到了经济理性这一前提的缺陷，从而发现单纯的外在因素不能解释复杂的决策行为，由此正式将心理学的内在观点和研究方法引入经济学。卡尼曼最重要的成果是关于不确定情形下人类决策的研究，他证明了人类的行为决策如何系统性地偏离标准经济理论所预测的结果。

卡尼曼论证了在不确定情形下，人们的判断会因为依照“倾向于观测小样本”形成的小数法则行事，或因为对于容易接触到的信息的熟悉和对主观概率准确性的盲目偏信，而导致决策行为系统性偏离基本的概率论原理。卡尼曼的研究激发起新一代的经济学和金融研究者将认知心理学的观点应用于人类内在的行为动机的研究，掀起了行为经济学和金融学的研究热潮。卡尼曼早就发现了人们决策的不确定性，即人类的决定常常与根据标准经济理论做出的预测大相径庭。

1979 年，卡尼曼与特维斯基共同提出“前景理论”。该理论是行为经济学的重要基础，能更好地说明人的经济行为。他们通过实验对比发现，大多数投资者并非是标准金融投资者而是行为投资者，他们的行为不总是理性的，也不总是回避风险的。投资者在投资账面值损失时更加厌恶风险，而在投资账面值盈利时，随着收益的增加，其满足程度速度则减缓。前景理论解释了不少金融市场中的异常现象，如阿莱悖论、股价溢价之谜以及期权微笑等。

卡尼曼关于决策过程的“拇指规则”理论对研究证券市场经常无缘无故地大起大落很有帮助。他的其他行为经济理论还解释了为什么人们为了省几美元宁愿开几十公里车程去买便宜货，也不愿就近购买较贵的商品，虽然这样他们会节省一些钱(汽油费等)。

四、兴趣转移，开辟新土

卡尼曼在行为决策领域的研究取得了丰硕的成果，但在1990年以后，卡尼曼的研究兴趣逐渐转移到其他领域，主要包括两个领域：享乐心理学与生活满意度。

享乐心理学这一心理学分支领域的兴起与“积极心理学运动”有着紧密的关联，直到现在，这一研究主题越来越受到人们的关注。卡尼曼曾经提到，“享乐心理学，解答了是什么使得经历与生活变得幸福或痛苦。享乐心理学关注快乐与痛苦，关注兴趣与空虚，关注喜悦与悲伤，关注满意感与不满意感。享乐心理学还会研究导致痛苦与享受的环境因素，涉及到生物因素、社会因素等”。开辟这一新方向后，卡尼曼开发出了科学研究快乐与痛苦的新颖、有价值的方法，该研究结果对医疗决策具有特别重要的意义。

卡尼曼还对生活满意度进行了有价值的研究，他认为，在现实生活中，人类是追求生活满意度的，并且“生活满意度在很大程度上取决于一些社会标准——实现目标和满足期望”。后来，卡尼曼与普林斯顿大学经济学教授艾伦·克鲁格进行合作，一起提出了“国民幸福指数”，以此来衡量人们的幸福感，并希望这项指标与国内生产总值一样成为一个国家发展水平的衡量标准。

第三十六章　郝柏林

郝柏林，我国著名的理论物理学家、中国科学院院士、复旦大学教授、中国科学院理论物理研究所研究员。1934 年出生于北京，1959 年毕业于苏联哈尔科夫国立大学，1961 年至 1963 年在苏联莫斯科大学和苏联科学院物理问题研究所当研究生，1980 年当选为中国科学院学部委员（院士），1995 年当选为第三世界科学院院士。

郝柏林曾任中国科学院理论物理研究所所长，主要从事理论物理、非线性科学和理论生命科学研究，取得多项重要成果，先后发表论文 150 余篇，出版中英文著作 10 余本；曾获得中国科学院科技进步奖二等奖、中国科学院自然科学奖一等奖、国家自然科学奖二等奖、中国科学院重大成果奖、中国物理学会第一届优秀科普书刊编著奖，以及美国科学信息研究所（ISI）颁发的“经典引文奖”等多种奖项。

一、痴迷科学，投身科研

郝柏林的父亲是 20 世纪 20 年代北京大学生物系的学生，曾担任过北平研究院植物研究所所长。也许受家庭影响，郝柏林对科学有着浓厚的兴趣。

郝柏林在大学期间就成为留苏预备生，1954 年被分配到苏联哈尔科夫工程经济学院学习。1956 年，他通过哈尔科夫国立大学理论物理教研室的数学面试，转到物理系。仅用 3 年的时间他就完成了 5 年的课程学习。1959 年，他在莫斯科大学物理系和苏联科学院物理问题研究所开始了 4 年的研究生学习生涯。

从苏联回国之后，郝柏林被分配到中国科学院理论物理研究所，参与科研任务，进行基础研究。郝柏林从助理研究员的工作做起，渐渐承担起一些领导工作。他在学术上表现出众，于 1980 年当选为中国科学院数理学部委员（院士）。

1987 年，郝柏林辞去中国科学院理论物理研究所副所长职务，脱离行政事务，专心钻研学术、写书、做教育、举办学术活动等，各项工作开展得如火如荼。1989 年，研究所内出现领导危机，经众人再三恳切邀请，本不想再承担行政职务的郝柏林就任所长一职，带领理论物理研究所的工作人员埋头苦干。卸任后，郝柏林又全力投入科研一线工作中。

二、求真务实，热爱学术

郝柏林在学术工作上扎扎实实，一步一个脚印，为人也同样求真务实、仗义执言。2009 年出版的《负戟吟啸录》一书中，收录了郝柏林 30 多年来有关中国科学的 60 余篇感怀文章。作为一名在科学和教育前线的战士，郝柏林见证了中国科教所取得的巨大成就和转变，也经历了许多困难和曲折。

他在书的前言中恳切而激昂地写道："我从来不是一个沉默的旁观者。在中国社会时而波澜壮阔、时而万马齐喑的转型期，我从旋涡激流中努力发出声声吟啸。"这样的吟啸，如今依然振聋发聩，并将继续对后人产生指导意义。

《负戟吟啸录》全书共分为七个篇章，其中"学风"一章，收集了他对学术界一些不良现象的直率批评，坦诚犀利地表达了自己的看法，尤其引起求学、做学问之人的瞩目。书中的其他章节涉及了对一些科学人物的真实描绘，其中有一篇文章讲到了其父郝景盛，却只谈及了工作和生平，并没有提及父子关系，非常低调。

其中有一篇很值得品味的文章——郝柏林为纪念物理学家朗道诞生 100 周年、逝世 40 周年所写的《朗道百年》。在这篇文章中，他细述了朗道的生平、成就，描绘了朗道的个性、工作状态，字里行间充满了对这位伟大科学家的爱戴与尊敬。文章结尾处他还提到被后人称为"朗道势垒"的一套考试，并讲述了朗道亲自把最终通过考试的人名和年份记录在本子上——从 1933 年到 1961 年底，共有 43 人被记录在册。

1961 年 10 月，郝柏林来到莫斯科大学物理系，要求做朗道的研究生。1961 年 11 月，他接受了“朗道势垒”中的数学面试。但自 1962 年朗道受伤之后，其余的考试都是由其他人主考通过的，郝柏林表示：“未能由朗道本人把名字写进通过‘最低标准’的名单，是一件憾事。因此，我从来不说自己是朗道的学生。然而，趁年轻精力充沛，集中十个多月研读《理论物理教程》和通过‘最低标准’，确实终身受益。”其求真务实、热爱学术的精神可见一斑[74]。

三、科普工作，贡献巨大

郝柏林对我国科学发展的贡献是巨大的。首先，他在理论物理科学方面的贡献不言自明；同时郝柏林的科普工作也在持续进行，他曾说：“科学普及书不是科学幻想小说。它既要正确地介绍最新的科学成果，又不能要求读者有高深的科学准备。它不能天花乱坠地大发议论，又要引人入胜，使读者受益。正处在研究前沿的科学家，要在反复思考形成腹稿的基础上，放下手边事，静心写作。更要善于从自己熟悉的大量科学事实中，选取少量好的事例，既把它们贯穿起来，又铺陈于广泛的科学背景之中，这样才能成就一本好书。”

郝柏林的科普图书，如《相变和临界现象》《漫谈物理学和计算机》等在国内外都很有名。他还撰写了大量科普文章，希望带领更多人走进科学世界。他于 2007 年开通了博客，他写道："我虽然是编了 45 年程序的老程序员，却一直没有碰过博客之类的时髦玩意儿。最近科学网邀请我参加博客，我欣然同意。至少可以部分减少'吟罢低眉无写处，月光如水照缁衣'的状况。我仍在全力做着自己的本职工作——做研究和带学生，不可能经常写作。我将在博客上就科技政策、科研环境、现代科学史上的某些人物或事件发一些短文，也会刊出一些过去没有发表的旧文。待将来积累了一定数量的文字，再进一步管理和分类。"他以此开启了自己的"博客生涯"，为后人留下了更多的精神财富[75]。

四、学科融合，思想创新

郝柏林后期一直在倡导物理模型与社会科学的结合，恰好和笔者梦寐以求的风险物理学有交集，所以笔者对他的文章特别留意。笔者有意写了一本《世界为什么是幂率的》，最初也是出于对他文章中一段分析的同感。

如今，虽然郝柏林先生已驾鹤仙去，但他的思想会继续在历史的长河中闪烁。

第三十七章　卡尔·萨根

卡尔·萨根，美国天文学家、天体物理学家、宇宙学家，也是非常成功的自然科学科普作家。他创立了行星学会，解释了金星令人费解的高温，也为火星表面的高度差和木星大气中的有机分子找到了证据，在行星物理学领域取得了许多重要成果。第 2709 号小行星以其姓氏被命名为“萨根”。更为引人注目的是他坚决反对伪科学，在科普方面取得巨大成功，激发了公众参与科学的激情，也极大地推动了人类科学史的发展。

卡尔·萨根曾担任康奈尔大学射电物理与空间研究中心副主任、美国天文学协会行星科学学会主席和美国地球物理学会联合会行星学会主席，主要从事天文学以及核战争对环境的影响等方面的研究。萨根的一生一共参与发表了 600 多篇学术论文，创作了 20 余本广受好评的科普书籍；曾荣获美国航空航天局（NASA）的特别科学成就奖，天文与空间科学的大卫·邓肯荣誉教授称号，两次获得公共服务奖和航空航天局颁发的阿波罗成就奖，此外，他还由于在反对使用核武器方面的杰出贡献而获得许多奖励。

一、家庭熏陶：好奇与怀疑的科学思维

1934 年，萨根出生于美国纽约布鲁克林区的一个普通工人家庭，他的父母是“对科学几乎一无所知”的普通工人。然而，就在这样一个看似没有任何文化氛围的家庭中，萨根却从小养成了重要的科学精神和科学素养——好奇心与怀疑精神，这很大程度上归功于父母对他的教育方式。

他的母亲虽然是家庭主妇，但从小对新奇事物和文化知识有着强烈的渴求。虽然这份渴求被其幼时的女性、犹太人的身份以及贫穷限制，但她的内心非常疼爱和崇拜自己唯一的儿子，并希望萨根可以实现她的人生理想。因此，他的母亲一直非常重视对萨根的教育，并在萨根 5 岁时就为他办了公共图书馆的借书卡。在他父母的支持下，萨根 4 岁时参观了纽约世界博览会，这次经历成为他人生中的重要转折点，在那里他见到了大千世界的奇妙，里面的许多展品直接影响了他后来的创作和想象，甚至到晚年都念念不忘。萨根在六七岁时有机会参观美国自然史博物馆，并对馆中的陨石和恐龙印象深刻。除此之外，家人还给他买了各种书籍和实验设备以培养他的科学意识。从小对科幻书籍的阅读以及对火星生命的想象是他最早对天文和太空感兴趣的原因之一。萨根曾这样写道：“我的父母都不是科

学家，他们对科学几乎一无所知。但他们教给了我两种最重要的科学思维方法——怀疑和好奇。”

二、痴迷科学：天文物理学领域成果丰硕

1948 年，由于父亲工作的需要，萨根一家人搬到了新泽西州拉威市。因为家庭经济原因，萨根只能放弃教学水平较高的私立学校，选择入读拉威市公立高中，但这并没有影响他的学习成绩。高中时期的萨根最喜欢的科目是化学，并且沉迷于化学实验，他把这当作自己的爱好。也就是在这时，他确立了成为天文学家的伟大志向。

1951 年，16 岁的萨根以优异的成绩考入芝加哥大学，大学里开阔的学科视野和活跃的学术气氛使他得以弥补之前懵懂的科学思维，也使他脑中许多科幻而神秘的东西逐渐变得清晰起来。大学里的萨根也是尖子生，在这里他接触到了许多各个领域的科学家，例如，1946 年的诺贝尔生理学医学奖得主赫尔曼·约瑟夫·马勒（Hermann Joseph Muller）；著名的物理化学家，也是 1934 年的诺贝尔化学奖得主哈罗德·克莱顿·尤里（Harold Clayton Urey）；以及他后来的博士论文指导老师“现代行星天文学之父”——杰拉德·柯伊伯（Gerard Kuiper）。这里还有叶凯士天文台，这都为他未来的科学研究奠定了坚实的基础。在这里，他拿到了学士学位、硕士学位和天文与天体物理学博士学位。

大学毕业后，萨根担任加州大学伯克利分校天文学院的米勒研究员，其间还参与了 NASA 水手 2 号项目组的工作，并作为美国兰德公司的行星科学顾问。萨根在这两年的研究方向主要是行星上的有机物和金星的大气。1961 年，萨根在《科学》杂志上发表了一篇文章，总结了过去对金星的观测成果，其之后的成果也多与金星和其他行星有关。萨根一生中在天文物理学领域有许多有影响力的科学主张，其中最重要的有以下几点：第一，简单的原始大气在自然反应下可以产生复杂的有机分子，这意味着早期大气容易产生孕育地球生命的环境。第二，金星表面温度极高，可能高达 500 摄氏度，虽然其与地球大小差不多、质量差不多、与太阳的距离也差不多，但是不适合人类探测，更不可能出现植物和海洋。这个推测后来在 1962 年被美国的水手 2 号证实。同时，萨根认为金星的高温是"温室效应"的结果，而地球的全球变暖虽然不会像金星那样极端，仍然是一种值得警惕的人为危险。第三，木星厚厚的大气层中富含有机分子，可以作为生物的食物来源。他还研究了火星表面的颜色变化，认为这绝不可能是季节性变化或者植被变化引起的，而应该是火星上的风暴引起的沙尘移动。海盗号后来成功着陆火星，为人类认识火星表面的情况做出了非常大的贡献。第四，萨根对地外生命充满希望，极力想要寻找地外生命，但他却不相信所谓的"不明飞行物"是来自外星的智慧生命飞船，而是主张以科学的方式搜寻地外文明。萨根怀疑任何没有证据的关

于外星生命的传说，但他又是探索外星生命证据的积极参与者。

三、投身科普：他是黑暗中的蜡烛

20 世纪 60 年代，萨根开始投身科普事业，他认为科学家有责任介入社会。他坚信在科学技术越来越重要的社会里，科学是做出明智决策的关键性因素。因此，他致力于让大众更好地理解科学，将他所知道、相信以及他希望能发现的一切，都必须有效地同公共政策制定者及广大公众进行交流。因为只有激发了公众参与科学的激情从而支持它继续前进，科学才能够继续辉煌。然而，他的科普之路却不是一帆风顺的，甚至科普传播使其遭受很多挫折，例如申请哈佛大学终身教职被拒之门外、没能获得美国科学院院士。这种认为“科学家做科普是不务正业”“做科普说明科研水平不行”的观点至今仍有很多受众，被称为“萨根效应”。然而，萨根在这种巨大的压力下坚持下来了，并最终得到了人们的认可[76]。

1978 年，萨根因科普佳作《伊甸园的飞龙》一书而获得了普利策奖。1980 年，由萨根自编、自导、自演的大型科普电视系列片《宇宙》在美国一经播出便取得了巨大的成功。这部长达 13 集的电视片带领观众体验了人类探索宇宙的历史，把微小的原子与广袤无垠的宇宙联系起来。据统计，该片先后被翻译成 10 多种语言，在 60 多个国家放映，逾 6 亿人观看。和其同名的图书《宇宙》连续数 10 周位于《纽约时报》畅销书排行榜首位，仅英文版就发行了数百万册。他希望人们能够认识到宇宙之大和地球之渺小。在旅行者 1 号飞到比冥王星更远的地方、即将永远关闭相机的时候，萨根强烈要求让旅行者 1 号再回头拍一次地球，60 亿公里外的地球，此刻只剩下一个小亮点，这就是后来萨根《暗淡蓝点》一书的来源。在《魔鬼出没的世界》中，萨根在对大量伪科学案例进行分析后指出，很多伪科学来源于人类的错觉和幻觉。伪科学之所以流行，是因为它满足了人们情感上的需求，而科学常常难以做到这一点。如果要识别伪科学，就要树立起一套怀疑的思维方式。他撰写的另外几部科普著作——《布鲁卡的脑》《彗星》《宇宙中的智能生命》《被祖先遗忘的影子》《无人曾想过的道路——核冬天和武器竞赛的终结》等，以精湛的文笔、多维的视角、深刻的哲思受到广泛的关注和好评。同时，萨根还是核武器的坚决反对者，他认为核武器的使用会给地球生态带来灾难。1983 年，里根政府提出了一个著名的反弹道导弹计划，也就是所谓的“星球大战”计划，萨根随即公开批评“星球大战”计划根本无法起到“核保护伞”的作用，它只能让核裁军变得更加困难[77]。

晚年的萨根最为关心的是，尽管科学已经促进了社会的进步并且创造了人们过去想都不敢想的诸多奇迹，但迷信和伪科学依旧与此相伴并且大有市场。它扰乱了人们的意识和思想，使人们感到惶惑和迷茫。科学并不是像许多人想象和期望的那样，已经成为可以驱除黑暗的太阳。科学在伪科学泛滥、迷信以及其他因素的影响下，仅仅是一支随时都可能被吹灭的蜡烛。难能可贵的是，在很少有科学家愿意投身于对介乎科学边缘的或伪科学的信念进行检验并向之挑战时，在科学家常因从事科普工作而遭到一些同行的轻视与贬低时，萨根勇敢地站了出来，义无反顾地跟迷信、盲从和伪科学抗争。

1996 年 12 月 20 日，萨根在与骨髓异常不良增生症斗争两年后，因感染肺炎不幸离世。怀着对科研与科普事业的喜爱和眷恋，怀着对迷信与伪科学的担心和忧虑，怀着对地外生命的好奇和期待，卡尔·萨根走了。他似乎从未表达过，自己作为一名科学家，有着怎样的一种社会责任感——其实无须表达，人们也会牢牢记住“卡尔·萨根”这个名字，并且对他怀有深深的敬意。就像墓碑上写道：“卡尔·萨根，你是我们在黑暗中的蜡烛。”

第三十八章　王大中

王大中，1935 年 2 月出生于河北省昌黎县，国际著名核能科学家、中国科学院院士、清华大学原校长，2020 年度国家最高科学技术奖获得者。

2021 年 11 月 3 日上午，2020 年度国家科学技术奖励大会在北京人民大会堂隆重召开，清华大学王大中院士获国家最高科学技术奖。得知获此殊荣，王大中发表感想时说道："科研工作是一项崇高的事业，值得一辈子去追求和奋斗。但是科研如登山，过程往往充满着困难、挫折和风险。我个人体会，克服这种困难需要有悟性、勇气和韧性。"

60 年来，王大中的求索之路与我国的核能事业紧密交织在一起。从国家战略出发，他坚定地选择了自主创新先进核能技术的研发之路，带领研究团队从无到有艰难探索，一股韧劲干到底，实现了我国先进核能技术的跨越发展。

一、见险峰而越，挑战科研无人区

位于京郊燕山脚下的清华大学核能与新能源技术研究院科研基地，被同行和清华人称为“200 号”，是我国最早建立的核能研究基地之一，也是我国高校规模最大的实体研究院。这里放置着清华大学自主设计的几座核反应堆，它们凝聚了王大中等人半个多世纪的心血，是我国核能事业发展的重要见证。

20 世纪 50 年代末，我国开始发展核能技术。1956 年，清华大学成立工程物理系，从校内抽调了一批优秀学生组建“物八班”，其中就包括当时正在读大二的王大中。

在工程物理系学习期间，一次偶然的机会，王大中看到一部介绍苏联建成世界首个试验核电站——奥布灵斯克核电站的科教片。影片中原子核裂变释放出的巨大能量带给他极大的震撼，同时产生了对原子反应堆的好奇，这促使他在高年级分专业时，毫不犹豫地选择了反应堆工程专业，成为我国首批反应堆工程专业的学生。

多年后，回忆起自己的这个选择时，王大中说：“因为那时候这在我们国家还是一个‘短腿’，所以选择了反应堆这样一个工程专业，希望毕业以后，能够在这个领域为国家做一些贡献。”自那时起，王大中的求索之路就与我国核能事业紧紧交织在一起，一干就是 60 多年。

二、从零起步，“建堆建人”的历练

1960 年，王大中毕业留校，作为骨干成员投身到中国第一座自主设计、建造的核反应堆——屏蔽试验反应堆的建设中。当时，这个由清华大学师生组成的研究团队，平均年龄只有 23.5 岁，一切几乎从零开始，唯一可以参考的资料是苏联人的一张图纸。

17 个供应系统、数千个机器零部件、几百台仪器设备、20 万米管线……屏蔽试验反应堆的设计和建造对当时一穷二白的新中国来说，是一项异常艰难的任务。没有人有出国留学的经历，也没有人见过真正的反应堆是什么样子。凭借初生牛犊不怕虎的精神，王大中与团队一起，从做“马粪纸”工程模型开始，用几十台手摇计算机进行数值计算，自力更生、奋力拼搏。经过整整 6 年的努力，我国第一个自主设计的零功率反应堆和屏蔽试验反应堆于 1964 年在清华大学“200 号”成功启动，顺利达到临界运行。

“当时遇到了很多困难，但也充分锻炼了我们知难而进、艰苦奋斗的精神。”在一次与清华学生的面对面交流中，王大中表示，回忆起那段艰苦岁月，他更愿意将它称为一次“建堆建人”的历练。

反应堆的建成，王大中是当之无愧的“元老”。从反应堆物理设计到零功率反应堆物理实验，再到反应堆热工水力学设计与实验；从做模型、挖地基、搬砖头到调试运行，王大中全部参与其中，其逐渐成长为具有工程实践经验和战略思维的领头人。

三、安全是最高指标，“搞核你得负责任”

20 世纪 80 年代，正当王大中全身心投入先进核反应堆技术研究的时候，国际上出现了切尔诺贝利等重大核安全事故。这让王大中意识到：安全性是核能发展的生命线，核反应堆研究必须追求“固有安全”。也就是说，在任何事故状态下，核反应堆都能够不依靠外部操作，仅靠自然物理规律就能趋向安全状态。

1981 年，王大中作为访问学者被选送到联邦德国于利希核研究中心进修。其间，他从中国国情出发，选择了“模块式”中小型高温气冷堆的设计和研究课题。经过 100 多个方案的计算、分析和比较，他提出了一种新型堆芯的概念，使这种模块式反应堆的单堆设计功率提高了一倍。仅用了 21 个月，王大中便以总评优秀的成绩获得了联邦德国亚琛工业大学自然科学博士学位。1982 年 10 月，王大中学成归国，不久便被任命为清华核能研究所副所长。

1983 年冬至 1984 年春，在王大中的主持下，通过改建核能技术研究所原有的屏蔽试验反应堆，我国进行了第一次低温核供热试验，并取得成功。1989 年，在王大中和同事们的努力下，世界首座一体化壳式核供热堆——5 兆瓦低温核供热堆在我国建成并投入功率运行。

这座反应堆在全球范围内首次采用了一体化全功率自然循环和新型水力驱动控制棒技术，实现了非能动安全性。当时联邦德国的核能总顾问弗莱厄博士评价："这不仅在世界核供热反应堆的发展方面是一个重要的里程碑，在解决中国以及其他很多国家存在的污染问题方面也是一个重要的里程碑。"

接着，王大中又带领团队进行了一系列的核供热堆综合利用研究，使我国在这一领域跨入世界先进行列。

四、科研目标要"跳起来摘果子"

"在目标定位上要'跳起来摘果子'，如果目标过高或过低，只能无功而返或达不到预期成果；'跳起来摘得着'才是适度的高标准。设法使自己跳得高一些，这样才能实现勇于创新与务实求真的结合。"这是王大中在科研生涯中格外强调的一点。

1994 年，王大中接受组织安排担任清华大学校长职务，并兼任清华大学核能技术设计研究院总工程师。在研发高温气冷堆的过程中，王大中始终坚持自主创新。作为技术总负责人，他主持制订了 10 兆瓦高温气冷实验堆总体技术方案。该方案的一个核心关键技术是耐高温全陶瓷包覆颗粒球形核燃料元件，即要将放射性裂变产物包容在直径不到 6 厘米的陶瓷燃料球中。

这种燃料球可耐受1600℃高温，为反应堆的固有安全打下了重要基础。

对于包覆颗粒这项核心技术，当时曾有国外研发机构来兜售早期研发的技术文档给中国。但是王大中始终坚持“核心技术的研发即便再难，也要咬牙坚持自己干”。

“我们在天气很热的时候，白天黑夜加班加点通宵地在干，发觉天气热跟天气不热的数据不一样，然后就做了大量的实验。有时做着做着就觉得好像走不出来，没出头之路一样，但最后还是咬着牙做出来了。”现清华大学核研院院长张作义在接受采访时回忆道，“王校长是那种谦谦君子，他做事很实在，理想很崇高，能够从最基本的问题出发，把这个事情一点儿一点儿地做成，这是他的过人之处”。

最终，王大中团队经过20多年的辛苦付出，自主研发了这项核心技术，这对于日后他们顺利建成高温气冷堆并开展相关工业转化，起到了至关重要的作用。

清华大学“200号”建造的第三座核反应堆——10兆瓦高温气冷实验堆，是王大中团队继低温核供热堆后，在固有安全核反应堆领域的又一大创新突破。模块式球床高温气冷堆安全性好、发电效率高。王大中打造了一个固有安全性的反应堆堆型，从根本上解决了核安全问题[78]。

10兆瓦高温气冷实验堆于2000年底建成临界，2003年1月正式并网发电。这是世界首座模块式球床高温气冷堆，它的诸多创新技术及固有安全性在国际上引起轰动，让我国的高温气冷堆技术达到了世界领先水平。

五、“科技创新是我们最主要的爱国方式”

60 余载光阴，清华大学核能与新能源技术研究院从一无所有发展为世界范围内先进核反应堆技术研发的重要基地。在被授予2020 年度国家最高科学技术奖时，王大中感慨道，“国家最高科技奖是份沉甸甸的荣誉，它属于集体，属于所有知难而进、众志成城的‘200 号’人，也属于所有爱国奉献、努力拼搏的科技工作者”。

从实验室到工程化，王大中团队继续将中国自主创新成果推向世界前沿。2021 年 9 月，建在山东石岛湾的高温气冷堆核电站示范工程 1 号反应堆首次达到临界状态，机组正式开启带核功率运行。这是我国完全自主知识产权、世界首座具有第四代先进核能系统特征的模块式球床高温气冷堆核电站。未来，这座核电站的运行将带来每年十几亿千瓦时的发电量，并且能够减少 90 多万吨的二氧化碳排放量，在当今能源向低碳变革的新时代，具有非凡的长远意义。而这些成果，与王大中数十年持之以恒地服务国家战略需求，自主创新、艰苦奋斗密不可分[79]。

“我们国家正处在最好的发展时期，科技创新就是我们最主要的爱国方式，我相信只要我们每个人都坚定信心，勇敢向前，我们的国家就会有无限光明的未来。”这是王大中先生的心声。

第三十九章　钟南山

钟南山是我国著名呼吸病学专家、教育科研工作者、中国工程院院士、中国抗击非典型肺炎的领军人物、公共卫生事件应急体系建设的重要推动者。同时，他也是我国首批国家级有突出贡献的专家，先后任广州医学院院长、党委书记，广州市呼吸疾病研究所所长、广州呼吸疾病国家重点实验室主任、中华医学会会长，世界卫生组织医学顾问、国际胸科协会特别会员、亚太分会理事，现任国家呼吸系统疾病临床医学研究中心主任、国家卫生健康委员会高级专家组组长。

钟南山长期从事呼吸系统疾病的临床、教学和科研工作，重点开展哮喘、慢阻肺疾病、呼吸衰竭和呼吸系统常见疾病的规范化诊疗、疑难病、少见病和呼吸危重症监护与救治等方面的研究，在《柳叶刀》等国际核心检索刊物发表 SCI 论文 200 余篇，出版各项专著 10 多部；主持制定了甲流、慢性咳嗽、慢阻肺等多种疾病诊疗指南。被党中央、国务院授予“改革先锋”

荣誉称号，曾获得中国工程院授予的“第十一届光华工程科技奖成就奖”和卫生部颁发的“白求恩奖章”等荣誉。

一、时隔 17 年，逆行者再赴前线

英雄就是这样一个人，他在每个决定性关头都能做出为人类社会利益所需要之事。

“全国帮忙，武汉是能够过关的。武汉本来就是一个英雄的城市！”面对镜头，钟南山目光坚定，眼含泪水。

17 年前的那个春节，“非典”疫情来势汹汹，人人自危。他喊出：“把重症病人都送到我这里来！”

时光荏苒，又一个春节。钟南山再次披甲挂帅。2020 年武汉新型冠状病毒肺炎疫情暴发后，他又一次挺身而出，“建议没有特殊情况不要去武汉”。自己却在当晚坐上了前往武汉的高铁，逆着人潮奔赴抗疫最前线。起初社会普遍对这次疫情不够重视，当有专家言谈“未发现明确人传人证据”，这一次他又英勇地站了出来，证明新型冠状病毒肺炎存在“人传人”的现象，首度透露有一名病人感染 14 名医生。每一次在危机前出现，钟南山都仿佛给社会注入了一剂镇定剂。

当年“非典”暴发后，钟南山的一个好友说，“谁出来说话可能大家都不信，但钟南山一出来说，大家就都信了”。电视上各个频道轮番播放着钟南山调研的画面，新闻标题开头“钟南山说……”亿万中国人捧着手机，“三山”之一的钟南山在

17 年后再次刷屏！

二、立志从医，轻不言弃

1936 年，钟南山出生于江苏南京一个医学世家，父亲钟世藩是美国纽约州立大学医学博士、我国著名的儿科医学专家，母亲廖月琴是广东省肿瘤医院的创始人之一。钟南山生长在这样的医学之家，从小受父母影响，耳濡目染，逐渐喜欢上医学，立志成为一名治病救人的医生，这是他至高的梦，也是他毕生的追求。中学时的老师曾告诉他一句话："人不应该单纯生活在现实中，还应该生活在理想中。"这句话他铭记了一生，践行了一辈子[80]。

钟南山从小成绩优异，中学毕业后考入北京医学院。他尤其爱好体育运动，大学时期参加首届全运会便获得冠军并打破全国纪录。体育为媒，彼时有一部热映的电影《女篮五号》，故事是以李少芬为主力的首届女篮团队为原型，而后来她成了钟南山的妻子。1960 年，钟南山大学毕业后留校任教。1971 年，钟南山调回广州，任职于广州市第四医院，成为一名急诊室住院医师。由于缺乏临床工作经验，他在急诊工作中发生了一次严重的误诊。这次失误使他深受打击，但是他身上有一股不服输的韧劲，随之就将这些挫折化为前进的动力。为了避免被看作"白专"，钟南山经常夜里跑到医院心电图室悄悄看书，把落下的医学理论知识补了回来。他还下决心勤学多问，笔记不止，长时间跟踪记载每位病人的病情，仅半年时间就记录整理了四大本笔记，并总结出了急诊病人的几大致病病因，这样每次出急诊或接急诊都能做好相应的准备。在这半年里钟南山瘦了4公斤，但专业能力得到了极大提升，几乎达到了主治医师的水平。

三、坚持真理，不迷信权威

1979年至1981年，钟南山成为我国第一批公派出国的留学生。他赴英国爱丁堡大学医学院及伦敦大学呼吸系进修。当时中国的医生资格在英国不被承认，他原本向教育部争取的2年进修时间被英国爱丁堡大学的导师弗兰里教授减到了8个月。面对导师的傲慢态度，钟南山心里暗暗决定，要学其所长，充实自己的专业知识。

钟南山从小受父亲的影响，崇尚真理，追求实事求是，不畏任何权威。他在爱丁堡大学选择的研究课题是与戒烟有关的，他的导师弗兰里教授也曾对这个课题用公式进行了计算推导，但钟南山对此结果存疑。为此，他将自己作为实验者以获取吸烟者的血红蛋白在不同一氧化碳浓度下变化情况的数据。他让同事在他吸入一氧化碳后抽血测量人体的血红蛋白变化情况。一氧化碳相当于煤气，当人体吸入的一氧化碳浓度达到15%时，就相当于连续吸食了50～60支香烟。不吸烟的钟南山为了得到更准确的数据，当时吸入了浓度为20%的一氧化碳。经过多次的实验验证，钟南山得到了可靠的数据，而这些数据与导师通过公式推演的数据结果并不一样，这就证实了导师用公示推导的最终结论是错误的。钟南山找到导师，介绍了自己的实验方法及结果，将自己的数据与导师的数据进行对比，向导师指出了他之前结论的不足之处。后来弗兰里教授将钟南山的这项研究成果介绍到英国医学委员会发表。钟南山认真勤勉，不因为导师的崇高地位而迷信权威，自身精湛的实践能力和高超的学术水平赢得了弗兰里教授的尊重。在爱丁堡大学进修期间，钟南山在英国医学研究学会、麻醉学会及糖尿病学会发表了 7 篇呼吸系统疾病研究领域的论文。结束英国两年的进修后，钟南山拒绝了爱丁堡大学的挽留，于 1981 年回国担任广州医学院副教授。1996 年，钟南山当选为中国工程院院士。

对于许多人来说，当选为院士意味着人生到达了巅峰，而对于钟南山来说，他传奇的人生才刚刚开始。

四、“非典”一役，声名大噪

有人说，“与其说‘非典’成就了钟南山，不如说是道义把使命给予了有铁肩的人”。

“非典”发生前，钟南山已经是工程院院士，当之无愧的医学权威。历史的重任就这样落在了巨人的肩上，寄托着民族的希望。

2003 年的“非典”，让全世界认识了这位敢医敢言的中国医生。新中国成立后，全国人民从未经历过如此严重的传染病，由于缺乏科学的认识，民众陷入一片恐慌。当时67岁的钟南山不顾个人名誉得失，毅然挺身而出。大规模的传染病来势汹汹，在大家都不敢接触“非典”患者时，他勇敢地收治了六七个传染病患者，并喊出：“把重症病人都送到我这里来!”他坚持蹲守在抗击“非典”第一线，细致观察患者病情变化，并根据情况随时调整治疗方案。钟南山之所以敢言，源于其对自身专业实力的自信和对疫情的把握。在“衣原体之争”中，钟南山坚持真理、挑战权威的个性表露无疑。当时官方公布“衣原体”是这次传染病的病源，虽然那时的钟南山也不能确定具体的病源是什么，但他很清楚“非典”的致病病源并非“衣原体”。认定病源是“衣原体”还是“病原体”，这不仅关系到采用的诊疗方法，也关系到数千名患者的生命。如果按照当时权威部门公布的治疗方案去诊治，最终结果即使错了也不用背负任何责任，但钟南山再次站了出来，认定这次传染病的病源是一种新型病毒。他后来说道：“学术上的声音就是真理，就是事实，但是当我们看到学术的事实跟权威的是不一样的时候，我们当然首先尊重事实，而不是尊重权威。”他两次挺身而出，做事实的捍卫者，站在了权威的对立面。有朋友问他：“就不怕判断失误吗?”钟南山平静地说：“科学只能实事求是，不能明哲保身，否则受害的将是患者。”坚持求实的钟南山默默承受巨大的心理压力，几次到父亲墓前默默地坐着。最终，他带领的团队摸索出了有效的治疗方法。

钟南山在抗击“非典”中的贡献不能简单归为找到了一套行之有效的防控方法，挽救了无数人的性命。他更大的贡献是让当时的中国人民看到了希望，一个真相的捍卫者时时刻刻挺身而出带领大家战胜这场无硝烟的“战役”，运用专业的医学知识使处在危机的人们安心，起到了安定民心的作用。

17 年前，“非典”时期，他在广州，奋战在前线；17 年后，新型冠状病毒来袭，他前往武汉，依旧是前线[81]。历史仿佛只是换了一个时间、空间重现，他依旧敢说真话、追求事实，不同的是，这次他的目光更加坚定，言辞之中多了一份自信与把握。

第四十章　牛文元

牛文元，原国务院参事，中国科学院首席科学家、中国科学院科技战略咨询研究院研究员、中国科学院可持续发展战略组组长、首席科学家，第三世界科学院院士，第九、十、十一届全国政协委员，著名理论地理学家、中国可持续发展战略研究开拓者，代表作品有《自然资源开发原理》《持续发展导论》等。

牛文元一生共发表学术论文200余篇，曾获得国家发明奖、中国科学院科技进步一等奖等，1996年获得洛克菲勒基金会杰出科学家奖。2007年，牛文元与意大利前总统钱皮一同获得“国际圣佛朗西斯环境大奖”，成为该奖项设立以来发展中国家的第一位获奖者。牛文元撰写了中国第一部系统阐述可持续发展理论与内涵的《持续发展导论》，成为中国可持续发展理论的奠基人。

一、天赋异禀，刻苦勤奋

1939 年，牛文元出生在河南焦作太行山中的一个小山村里，由于地处山区，生活条件比较艰苦，牛文元一家人挤在窑洞里艰难度日。当时正处于抗日战争时期，全家人因躲避战乱而举家搬迁，日子过得更为艰苦。直到 1946 年，牛文元一家才回到原来的小山村。

1947 年，牛文元所在的村子解放了，此时一位姓范的老师被派到村子里做乡村教师。这位老师在教学中发现了牛文元表现出来的过人天赋：看书过目不忘。除此之外，牛文元还特别喜欢“出风头”，比如，每次考试时都是第一个交卷，他觉得这是一件很光荣的事情，老师也非常欣赏牛文元的这种行为。

1952 年，即将小学毕业的牛文元被学校选中，提前去考焦作市最好的中学——焦作中学。当时报考的学生来自附近的七八个县（区），人数多达 5000 人，不出意料，牛文元金榜题名。发榜时，他和姐姐从家里走了十几里的山路去看榜，姐姐觉得弟弟年纪小，题目又比较难，一开始就没报什么希望。他们从最后一页开始看，看了好久也没发现牛文元的名字，就要放弃的姐姐在看到倒数第二张榜单时眼睛一亮——牛文元的名字出现在第二页榜单的第一个。原来在录取的 360 人中，牛文元排在第 21 位，姐姐为此感到惊喜。就这样，牛文元开始了他的中学生涯。

中学时期，牛文元生活非常朴素且艰苦，他从不和其他同学比吃穿，相反，他比的是谁的成绩好，在这种劲头下，牛文元在中学期末考试中每次都拿第一名。此时的牛文元已经对地理学产生了浓厚的兴趣，虽然他最崇拜的是牛顿和门捷列夫这样的自然科学家，但在高考填报志愿时他还是毫不犹豫地选择了西北大学的地理系。校长得知他填写了地理系后专门找他谈话，建议他继续学习数理化等基础学科，牛文元却认为，数理化的体系已经相当成熟，国内地理学在当时还在发展中，尚且不成熟，他想成为国内地理学的引路先锋。于是，他怀着满腔热血投入地理学的学习中。

1962 年，牛文元大学毕业，此时我国正处于三年困难时期，各单位分配名额缩减，很多学生的分配问题得不到解决。与此同时，国家开始首次招收研究生，于是大批学生去报考研究生。牛文元由于家境不好，只想找一份工作挣钱养家，于是放弃了报考。说来也巧，牛文元假期时遇上了本科系里的党总支书记，书记问他研究生考试准备得如何，他支支吾吾地说没有报名，气得书记赶紧带着他去补报。当年考试时间是 5 月 20 日，虽然时间紧迫，但牛文元因为本科时期基础扎实，没怎么复习就考上了中国科学院的地理所，成为中科院研究生。

研究生期间，牛文元一直钻研地理学的相关问题并借用物理学的研究范式，给地理学研究构建出了三个任务：构建理论地理学、实验地理学和应用地理学。

1966 年，牛文元硕士研究生毕业，这时，“文化大革命”爆发，他被送到农场进行劳动改造。在农场劳动的两年，虽然艰辛但他始终没有放弃继续学习，他用心整理与归纳了研究生几年积累的知识，为他的第一部学术著作《自然地理新论》打下了坚实的基础。

1979 年，科学出版社准备出版《自然地理新论》这本书，因为当时国内地理学界出版学术著作的学者较少，有人觉得他在“冒尖”，他所在的单位表示不会出具相关证明，结果导致出版时间往后推了一年多。最终，一位编辑室主任力排众议，鼎力支持，这本书如愿出版。此书一出便在学界引起了轰动，此后，牛文元又先后出版了《现代应用地理》《理论地理学》等专著，为中国现代地理学的完善做出了巨大贡献。

1981 年，在中国科学院地理所工作的牛文元以访问学者的身份受国家公派资助到美国内布拉斯加大学进行为期两年的生态学、理论地理学访学研究。牛文元怎么也没想到，在美国访学期间的一封中国来信会把他从一名地理学专家变成一位在中国乃至世界上都令人尊敬的可持续发展学者[82]。

二、结缘可持续发展

1983 年的一个冬日下午，牛文元收到了中国生态学创始人、全球知名的布伦特兰报告专家委员会 22 名成员之一的中国科学院院士马世骏的一封信，马先生邀请他参与联合国世界环境与

发展委员会可持续发展纲领性文件《布伦特兰报告》的起草工作。1983 年回国后，牛文元开始参与这项工作，经过 4 年多的努力，牛文元与马世骏院士以及来自全球各国的科学家共同参与完成了《布伦特兰报告》，并于 1987 年发布。对牛文元来说，这次选择算不上是转变研究方向，而是机遇刚好契合了他的学术理想。对地理学与生态学颇有研究的牛文元在“大跃进”时期就认为，人类如果不尊重自然，不与自然和谐相处，就一定会遭到自然的报复。后来在硕士研究生期间，他阅读了大量西方著作，渐渐意识到，对自然资源毫无节制的使用最终将给人类社会带来可怕的噩梦。牛文元阅读了美国女生物学家卡逊所著的《寂静的春天》，这本 1962 年出版的书描述了二战以来发达国家为先污染后治理的发展方式付出的高昂代价，这使他内心受到极大触动。尽管当时的中国还是一个贫穷落后且尚未完成工业化的国家，落后的农业经济形态也远未受到资源和环境的严重制约，但牛文元却被醍醐灌顶般唤醒了：总有一天中国经济也会快速发展，那时资源、环境会不会对中国庞大的人口产生约束和压力？一颗理想的种子就这样埋在了牛文元心里。后来，牛文元回忆道：“我加入这个项目时，虽然意识到中国的发展要走一条不同的道路，但当初确实没想到后来中国政府会把可持续发展作为国家战略。”这条路，一走就是 30 多年，这之后，他的生命始终与可持续发展紧密相连。他在中国首创了环境与可持续发展研究室，使“可持续发展”这 5 个字在中国家喻户晓；出版了中国第一本可持续发展理论专著——《持续发展导论》；对“国家现代化”问题提出了一套全新理论体系，被国外学术界称为“牛氏指标”，并以此对全国31个省、直辖市、自治区进行跟踪，从1998年起每年都出一本《中国可持续发展战略报告》等[83]。

三、在可持续发展领域深耕数十载

牛文元著作颇丰，在1983年以后的30多年里，他做出了大量可持续发展领域开创性与先导性的贡献。

1994年，牛文元正式出版《持续发展导论》一书，这是一部60万字的鸿篇巨制，在书中他提出了可持续发展的理论、路径以及在国家战略中的作用，是中国第一部关于可持续发展的理论专著，也是中国可持续发展理论的开山之作。

1995年，“可持续发展”写入党的十五大报告，牛文元的理念上升为国家战略并开始执行。

1999年，牛文元作为中国科学院可持续发展课题组首席专家，主编了《1999中国可持续发展战略报告》。此后，可持续发展战略研究报告每年出一本，至今已经出版十几本，这是牛文元为中国可持续发展贡献的杰出之作，已经成为全球最受重视的年度报告之一。

2007年，牛文元与路甬祥院长一起组织了180多位中国可持续发展方面的专家、学者，出版了中国第一部可持续发展百科全书式的系统著作——《中国可持续发展总纲》，这部书多达20卷，堪称中国可持续发展研究的“百科全书”。

至此，牛文元从事可持续发展研究已30余年。他所倡导的可持续发展理念不仅上升为国家战略，还被写进了中学教材。他的可持续发展理念影响了一代中国人，包括官员、学生以及科研工作者，他不仅是一位优秀的地理学家，更是一位充满家国情怀的战略科学家。

第四十一章　迈克尔·桑德尔

迈克尔·桑德尔（Michael J. Sandel）是美国哈佛大学政治哲学教授、美国人文与科学学院院士，也是当代“社群主义”主要代表人，2008 年美国政治学会特别成就奖获得者。他因在正义领域的研究在学术界成名，后期以哈佛大学通识课——《正义》而闻名全球。

提到《自由主义与正义的局限》这本书，不熟悉哲学或者伦理学领域的人，十有八九并不清楚这是谁的作品，也不清楚这是一本怎样的著作。但是如果提到哈佛讲堂名课堂——《正义》的主讲教授的话，相信大多数人会恍然大悟，哦，是那个一开场就给大家提出了那么多让人陷入两难伦理困境的教授！对，就是他，迈克尔·桑德尔！

一、迈克尔·桑德尔是谁？

迈克尔·桑德尔 1953 年 3 月 5 日出生于美国明尼苏达州明

尼阿波利斯的一个犹太人家庭，1975 年以优秀毕业生身份获得布兰迪斯大学（Brandeis University）文学学士及硕士学位。布兰迪斯大学虽然不是一个像哈佛一样为所有人所熟知的名校，但不容小觑。它是美国马萨诸塞州波士顿地区沃尔瑟姆镇的一所犹太顶尖研究型大学，被人称为“犹太哈佛”（Jewish Harvard），也被人称为“泛常春藤大学”。该校崇尚小班教学，精英培养，尤其在美国东部享有极高声誉。“犹太精英”可以说是开启迈克尔·桑德尔早期求学的第一个关键词。在此，迈克尔·桑德尔身上的星光开始闪耀。

迈克尔·桑德尔接下来的人生履历开始明显地出现了天才少年和人生赢家的早期特征。1980 年，只有 27 岁的迈克尔·桑德尔正式拿到了哈佛的教职，成为哈佛历史上最年轻的教职拥有者。两年后，只有 29 岁的迈克尔·桑德尔出版了《自由主义与正义的局限》（*Liberalism and the Limits of Justice*）一书。因书中对自由主义理论大家——罗尔斯的《正义论》提出批判，他一夜之间蜚声于西方世界，也在其他各国的政治哲学领域引起了轰动。可以说，“出名要趁早”这一条，迈克尔·桑德尔实现了。迈克尔·桑德尔身上的星光越发闪耀起来。

2002 年，迈克尔·桑德尔荣获 Anne T. and Robert M. Bass 教授称号；2003 年，迈克尔·桑德尔入选美国人文与科学学院院士；2008 年，迈克尔·桑德尔被美国政治学会授予特别成就奖。人过半百之后，一系列荣耀开始陆续闪耀在他的头顶，这也是对一位学者工作半生之后最大的认可和奖赏。这个时期的迈克尔·桑德尔可以用“星光璀璨”作为他的下一个关键词。

在30年的学术生涯中，他从1980年开始在哈佛大学为本科生开设通识课——《正义》，因其深入的思考和强大的个人魅力创下了哈佛历史上听课人数最多、最受欢迎的课程的纪录。2007年秋季，曾经有1000多名学生选择该课程，这些年来已经有上万名学生选修过这门课程。2009年哈佛大学启动公开课项目时，首推了这门课程。这门课程公开以后，在世界其他国家引起了强烈的追捧和热议。尤其是2012年，他继《正义》之后的第二本科普性书籍《金钱买不到什么：市场的道德局限性》，一举成为各国书店的畅销书。他开始被各国政府、大学、科研机构等频繁邀请前往演讲，足迹从美国一直跨到了亚洲的中、日、韩各国。“学者明星”的帽子开始戴在了他的头上。

二、迈克尔·桑德尔到底研究了什么?

正如迈克尔·桑德尔自己在接受采访时所说，作为一个一生都在研究哲学和政治哲学的人，从小他就喜欢看历史和哲学类的书籍，所以他研究的重点也一直都紧紧围绕着政治哲学这一主题。

迈克尔·桑德尔的贡献可以被清晰地分为两大部分，一部分是学术领域，另一部分是科普领域。

首先我们来看他在学术领域的贡献。奠定他学术地位的开山之作就是1982年出版的《自由主义与正义的局限》。在这本书里，他针对罗尔斯在《正义论》中的得意之处——“无知之幕”（Veil of Ignorance）提出了尖锐的批评，罗尔斯认为正是无知之幕让我们成为“无拘束的自我”（Unencumbered Selves），但桑德尔认为人类的自然属性使得“无知之幕”永远都不可能存在。

接下来是发表于1984年的《自由主义及其批评者》（*Liberalism and Its Critics*）。这本书进一步提出了基于权利的自由主义和社群主义的观点。1996年《民主的不满：美国在寻求一种公共哲学》（*Democracy's Discontent*: *America in Search of a Public Philosophy*）在美国刚一出版，就引起了美国民众对于民主的大量讨论。针对美国社会中出现的各种社会问题，最终作者将之归结为是民主主义丢失了重视公共利益的初衷，过分追求个人自由导致的。在书中，基于各种案例的讨论后，他对美国的民主主义进行了批判。

2005年，他出版了《公共哲学》（*Public Philosophy*: *Essays on Morality in Politics*）一书。这本书是他早期公开发表过的论文的合集，主要考察了在美国的政治生活中，道德和正义究竟起到了怎样的作用，同时对美国选举过程中道德价值和公民社会团做了大量评论。2007年他出版了《反完美案例：

基因工程时代的伦理学》（*The Case Against Perfection: Ethics in the Age of Genetic Engineering*）一书。这本书源于他与道格拉斯·梅尔顿（Douglas Melton）一起讲授的一门名为《伦理与生物科技》的课程。在长期教学的基础上，他选取了基因工程这一主题来探讨生物科技中涉及的伦理问题并展开深入探索。

他在科普层面上的贡献主要是围绕课程《正义》而展开的。从2007年出版的《正义读本》（*Justice: A Reader*），到2009年出版的《正义：怎样做才正确?》（*Justice: What's the Right Thing to Do?*），以及2012年出版的《金钱买不到什么：市场的道德局限性》[84]。

三、支撑迈克尔·桑德尔的学术力量之源是什么?

引导迈克尔·桑德尔走上哲学研究之路的契机来源于他去牛津大学读博士的第一个读书寒假。在那个漫长的、为期6周的读书寒假，桑德尔和朋友们决定去西班牙南部度过。桑德尔带了3本很难懂的哲学书踏上度假旅程。这3本书分别是罗尔斯的《正义论》，伊曼努尔·康德的《纯粹理性批判》，以及汉娜·阿伦特的《人的条件》。在读完这3本书后，桑德尔开始真正对哲学产生了兴趣。新学期开始后，他就这3本书的读书心得与教授们展开了深入的讨论，从此打下了他关注正义这一主题的根基。这也解释了为什么桑德尔虽然师从著名的大师查尔斯·泰勒（Charles Taylor），但师生二人却各自在不同主题的研究上闪耀，始终没有交集。显然，他和老师的研究重点从一开始就没有聚焦在共同的主题上。

迈克尔·桑德尔在录制节目时坦率地讲述了对自己学术之路产生重要影响的 3 位哲学家和他们的 3 本著作。第一本书是公元前 4 世纪古希腊哲学家亚里士多德的《政治学》（*The Politics*）。亚里士多德认为，政治社会的目的不是使交换变得更加容易，从而实现 GDP 的极大化，而是为了让人民生活得更好，因此培养人的美德应该成为主要目标。在桑德尔迄今为止的研究中，我们可以很清楚地看到，亚里士多德的观点奠定了桑德尔的学术思想基调。

第二本书是伊曼努尔· 康德的《道德形而上学基础》（*The Groundwork of the Metaphysic of Morals*）。在这本书中，康德主张，道德的最终目标不是功利主义，即快乐的极大化，而是对人怀有基本的敬意，因此要带着尊敬心来对待他人。这也是桑德尔始终坚持的一条伦理原则。

第三本书是继承了康德思想的黑格尔的《法哲学》（*Philosophy of Right*）。在这本书中，黑格尔批评了那种将道德原理抽象化进行解释的思想。可以说，黑格尔将亚里士多德和康德的思想进行了整合，认为最高贵的生活中的道德应该是与普遍性道德原理一致的。桑德尔从《民主的不满》到《正义》，再后来的《金钱买不到什么》，一直秉承了这样的思路，并始终用抛出各种各样具体例子的方式来引起人们的思考[85]。

综观这3位哲学家和这3本代表作，我们可以清楚地看到迈克尔·桑德尔为什么会一生致力于正义、伦理的研究，也可以清晰地感受到他学术价值观的来源及发展脉络。

四、深刻哲人的温暖回归：爱与家庭

迈克尔·桑德尔和其他很多哲学家一样，整体来看，是个有点儿无趣的人。他自己也在接受采访时说，从小就不喜欢看小说，导致狂热喜欢小说的妻子经常嘲笑他在文学领域的无知和无趣。小时候做过一段时间狂热的棒球迷大概算是他一生中最丰富生动的一笔了。

迈克尔·桑德尔是一个冷静型的人。他喜欢图书馆，喜欢书房，认为图书馆和书房是一个超越了时空想象力的世界。他尤其喜欢坐在有着木制书桌、能看到窗外自然景观的书房里任思想遨游。他喜欢读书，书架上大多是哲学政治类的书籍，尤其喜欢边提问边读书。他一贯认为，为了记住某个哲学家的观点去读书是没有意义的，真正能让人得到提升的是一边提问，一边思考，再一边读书，这样才能真正理解作者的思想。

就是这样一个严肃的学者，在书房的书架上保留了大量自己当学生时读过的书，书上还写了好多读书时的感想。当他的儿子借阅爸爸的书之后，给爸爸留下了字条，感谢爸爸这些读书笔记带给自己的启发时，迈克尔·桑德尔脸上露出了极度享受和满意的笑容。

而每当他陷入道德思考的两难境地时，他总是在晚餐或者全家旅行时与家人一起讨论。他欣赏道德感极强的妻子给出的建议，也愿意充分听取两个儿子谈论个人的想法。他也坦率承认，每当自己有需要进行决策的问题时，与家人讨论是他最信赖的办法。

迈克尔·桑德尔曾经写下："人生中最宝贵的是家人之间的信赖与友情"，这也为他自己做了一个最恰当的人生注解。从另一个层面上看，在一定意义上，大概也正是因为有了这样一个充满爱的家庭来充当他心灵的后花园，他才能够如此冷静地去思考正义的命题吧！

参考文献

[1]麦克.哈特(美).影响人类历史进程的100名人排行榜[M].海南出版社,1999.26－30.

[2]杨凡,戴星.蔡伦:功在千秋的造纸术改良者[J].奇妙博物馆,2021(5):40－44.

[3]曹天生.造纸术发明者蔡伦:论争与认识论意义[C]//中国造纸学会第十九届学术年会论文集,2020:414－420.

[4]吴紫露,宁晓玉.16世纪哥白尼学说的传播——再论科斯特勒与金格里奇之争[J].自然辩证法通讯,2022,44(6):68－75.

[5]王旭东.纪念李时珍诞辰500周年拨开历史迷雾,寻找真实的李时珍[EB/OL].(2018－06－07)[2023－08－29].http://www.cntcm.com.cn/2018－06/07/content_45436.htm

[6]刘娅,刘明计,钟坤.《本草纲目》译本源流及对中医药文化传播的启迪[J].上海翻译,2021(2):52－55＋95.

[7]赵清爽．布鲁诺——理论思维和性格上的巨人——兼论布鲁诺捍卫、发展“日心说”的哲学意义[J]．学术交流,1991(1):92 -95.

[8]搜狐网．为真理而斗争是人生最大的乐趣[EB/OL].(2019 - 12 - 08)[2021 - 10 - 01].https://www.sohu.com/a/359077878_355450.

[9] 严加安.科学与艺术有共性也有交融[EB/OL].(2011 - 04 -01)[2023 -08 -29].http://www.amss.ac.cn/xwdt/cmsm/201811/t20181120_5189898.html.

[10] Mano Singham. When Lord Kelvin Nearly KilledDarwin´s Theory[EB/OL].(2021 -09 -05)[2023 -08 -29].https://www.scientificamerican.com/article/when - lord - kelvin - nearly - killed - darwins - theory/.

[11]崔宝月．达尔文进化论思想评述[J]．东西南北,2019(10):93 +96.

[12]韩蕊,刘丽,张耀华．基于范畴转换理论的科普产业文本翻译研究——以《达尔文遗产:进化论在今天的意义》翻译为例[J]．现代商贸工业,2022,43(5):180 -182.

[13]刘华军．自然选择及其是否适用于人——华莱士与达尔文的论争[J]．山东科技大学学报(社会科学版),2022,24(2):1 -9 +37.

[14]余融彬．诺贝尔奖知多少[J]．快乐语文,2021(36):

2 –5.

[15]姚子鹏,赵滨,李馥艳,等. 关于诺贝尔的遗嘱和诺贝尔奖[J]. 化学世界,2000(9):503 –504.

[16]林书宇,王慧. 元素周期表的发现与门捷列夫的创新精神[J]. 教育界(教师培训),2019(8):67 –69.

[17]孟海燕,李宝玉. 门捷列夫与诺贝尔化学奖[J]. 化学教学,2017(5):94 –96.

[18]袁野. 特斯拉和爱迪生相爱相杀的一生[J]. 今日科苑,2016(9):64 –69.

[19]魏刘伟. 托马斯·爱迪生最伟大的发明[J]. 世界科学,2020(1):56 –58.

[20]周彤彤. 遇见居里夫人[J]. 新教育,2019(12):7 +2.

[21]南在南方. 居里夫人的韵事[J]. 喜剧世界(上半月),2019(4):30.

[22]苏光路. 爱因斯坦到底有多牛[J]. 家教世界,2019(28):41.

[23]杨黎炜. 爱因斯坦缘何“吐舌头”?[J]. 集邮博览,2019(11):84 –85.

[24]国地. “偷”走爱因斯坦大脑的人[J]. 现代班组,2016(11):48.

[25]单少杰. 计算机科学之父——艾伦·麦席森·图灵(上)[J]. 少年电脑世界,2022(3):26 –27.

[26]单少杰. 计算机科学之父——艾伦·麦席森·图灵(下)[J]. 少年电脑世界,2022(4):8-9.

[27]金宝山. 邓稼先与杨振宁[J]. 名人传记(上半月),2010(8):85-86.

[28]高岩,漆露. 半个世纪的友谊——记邓稼先与杨振宁[J]. 国际人才交流,1991(3):6-9.

[29] 杨振宁. 杨振宁谈邓稼先[J]。科技与企业,1995(1):6-9.

[30]陈景润 哥德巴赫猜想第一人[J]. 科学大观园,2019(9):32.

[31]周明. 徐迟与《哥德巴赫猜想》[J]. 神剑,2013(5):56-60.

[32]邱俊霖. 沈括:一位孤独的科学家[J]. 环境经济,2021(11):68-69.

[33]高翔. 论沈括《梦溪笔谈》中的艺文思想[J]. 齐齐哈尔师范高等专科学校学报,2021(3):28-30.

[34]张再良. 思考吴又可的温疫证治[J]. 上海中医药杂志,2018,52(3):6-9.

[35]彭坚. 从《温疫论》看吴又可的方法论[J]. 湖南医科大学学报(社会科学版),1999(1):67-70.

[36]王云平. 王贞仪《德风亭初集》研究[D]. 合肥:安徽大学,2007.

[37]李敏．清代女科学家王贞仪[J]．中国科技史料，1997(2)：17－27.

[38]顾静怡．路易·巴斯德：良心成就“疫苗之王”[J]．课堂内外(作文独唱团)，2018(10)：57.

[39]李晓东．巴斯德，第一个发明狂犬疫苗的人[J]．现代班组，2018(10)：52－53.

[40]章奇，吴俊，叶冬青，等．病因推断的远征者：罗伯特·科赫[J]．中华疾病控制杂志，2020，24(10)：1237－1240.

[41]A. D. Harries，黄海荣．罗伯特·科赫与结核杆菌的发现：125年后面临来自艾滋病和结核病的挑战[J]．国际结核病与肺部疾病杂志(中文版)，2008，3(3)：130－138.

[42]棉花糖．尼古拉·特斯拉：被低估的天才[J]．学苑创造(7－9年级阅读)，2020(Z2)：20－22.

[43]李海鹰．尼古拉·特斯拉：不应被遗忘的天才[J]．供用电，2014(2)：4＋74－75.

[44]拉马努金——天才的直觉[J]．新世纪智能，2021(45)：49.

[45]张新立，王青建．拉马努金——印度的天才数学家[J]．自然辩证法通讯，2000(4)：77＋78－85.

[46]王楼．沙眼衣原体的发现者——汤飞凡[J]．现代班组，2017(1)：52－53.

[47]李春发．新中国伊始战“疫”专家汤飞凡的不凡人生

[J]. 文史月刊,2020(5):12 - 17.

[48]张乐. 华西里·里昂惕夫:投入产出分析之父——1973年诺贝尔经济学奖得主[J]. 中国经济评论,2021(8):82 - 83.

[49]高瑛玮. 里昂惕夫之迷综述[J]. 黑龙江科技信息,2011(20):179.

[50]彭巨水. 有效管理者的自我提高之路——读彼得·德鲁克《卓有成效的管理者》[J]. 审计观察,2021(9):94 - 96.

[51]李远. 企业管理的三大任务和德鲁克的解决之道——《管理:使命、责任、实务》读书报告[J]. 中国国际财经(中英文),2017(10):118 - 119.

[52]罗缉. 冯·布劳恩:现代火箭奠基者[J]. 太空探索,2018(6):66 - 67.

[53]朱岩,托马斯·莫伦."火箭大师"的多重轨迹——冯·布劳恩的悲剧人生[J]. 人物,2009(4):63 - 65.

[54]邢泓琳. 陈芳允:北斗卫星的创始人[J]. 科学大观园,2021(14):76 - 77.

[55]刘诗瑶."863"计划倡导者:科学泰斗 胸怀祖国[J]. 共产党员(河北),2021(Z1):127 - 128.

[56]刘佳. 赫伯特·西蒙:如何作出有效决策[J]. 经营与管理,2015(12):10 - 11.

[57]李淑静. 赫伯特·西蒙有限理性及其非程序化决策思想研究[D]. 西安:西安建筑科技大学,2019.

[58]CCTV. com. 三名美国经济学家分享今年诺贝尔经济学奖[EB/OL].(2007 - 10 - 16)[2021 - 10 - 01]. http://news. cctv. com/world/20071016/100297. shtml.

[59]王光平,卢铮. 莱昂尼德·赫维奇:自学成才的机制设计之父[EB/OL].(2007 - 10 - 22)[2021 - 10 - 01]. http://www. jjckb. cn/rw/2007 - 10/22/content_70779. htm.

[60]朱亚宗. 冯康精神——一种值得尊崇的科学家精神[J]. 高等教育研究学报,2021,44(2):51 - 58.

[61]朱亚宗. 彪炳史册的计算数学大师冯康[J]. 高等教育研究学报,2021,44(1):30 - 38 + 50.

[62]谷超豪:永远走在创新路上[J]. 科学大观园,2019(9):38.

[63]梁伟,李菡丹,王碧清. 谷超豪:数学领域的斗士[J]. 中华儿女,2018(3):60.

[64]孟庆醒. 顾方舟:守护希望的"糖丸"爷爷[J]. 新世纪智能,2021(Z0):88 - 92.

[65]李卓希. 顾方舟:以身试药的"糖丸"之父[J]. 科学大观园,2021(13):56 - 57.

[66]汪凯凡. 与孤独世界的博弈约翰·纳什的传奇一生[J]. 科学家,2013(2):60 - 69.

[67]寒一一. 约翰·纳什:一个孤独的诺贝尔经济学者[J]. 时尚北京,2015(8):212 - 215.

[68]孙瑜．周光召：连夜送上原子弹爆炸前的“定心丸”[N]. 科技日报,2021－12－24(1).

[69]蔡荣根．周光召先生与开放的中科院理论物理所[J]. 物理,2019,48(5):285－294.

[70]张延陶．奥斯特罗姆：从口吃少年到诺奖得主[J]. 英才,2017(Z1):132－133.

[71]杨立清．奥斯特罗姆公共治理理论研究[D]. 大连：辽宁师范大学,2021.

[72]李永鑫,黄宏强．卡尼曼的心理学思想述评[J]. 河南大学学报(社会科学版),2007(3):152－157.

[73]胡怀国.2002 年度诺奖得主卡尼曼和史密斯及其对心理和实验经济学的贡献[J]. 社会科学家,2003(2):27－33.

[74]刘寄星．我所知道的郝柏林——祝郝柏林同志八十寿辰[J]. 物理,2014,43(6):394－402.

[75]苏青．柏树青青诉哀思 林岳巍巍成追忆——记与郝柏林院士的文字交往[J]. 科技导报,2018,36(5):105－108.

[76]郑永春．卡尔・萨根：当之无愧的世界科普第一人[J]. 中国科技教育,2017(12):64－65.

[77]大卫・莫里森,郑念．为宇宙而生的人——卡尔・萨根的一生及作为科学家、教师和怀疑者的遗赠[J]. 科普研究,2007(5):74－80.

[78]冯华．王大中：倾情一生为核能[J]. 科学之友,2022

(4):38 –39.

[79]曹雅丽．王大中:把毕生精力献给中国核能事业[J]．中国纪检监察,2022(1):58 –60.

[80]钟南山:人活世上总要留下一点有价值的东西[J]．黄金时代,2020(7):68 –69.

[81]李晗．钟南山:济危世敢诤言的抗疫英雄[J]．软件工程,2022,25(6):2 +63.

[82]张秀慈．记忆中的牛文元院士[J]．北京观察,2017(5):78 –80.

[83]吴初国,马永欢．绿色发展与中国 GDP 质量指数——牛文元教授讲学摘记[J]．国土资源情报,2011(10):64 –66.

[84]潘启雯．“非市场价值”何以被“市场价值”排挤出局？——评迈克尔·桑德尔《金钱不能买什么:金钱与公正的正面交锋》[J]．中国减灾,2013(2):44 –45.

[85]谷凌燕．迈克尔·桑德尔《正义》课中的讨论式教学研究[D]．长沙:中南大学,2014.